*

Das Islay Kochbuch

Traditionelle Gerichte

Von Schottlands

Whisky-Küste

*

Von

Fraser Macleod

Inhaltsverzeichnis

III Hauptspeisen / Prìomh Chùrsa

The Sea

The Land

IV Desserts and Treats

I. Soups

1.

Scotch Broth   Graupensuppe

Trinkbarer Trost

Alle lieben die Broth, und zwar aus gutem Grund: Die Broth wärmt Dich von innen wieder auf, wenn die Kälte längst von den Fingern bis in die Füße gekrochen ist. Die Broth stillt Deinen ersten Hunger, die Broth hält vor, wenn der Tag wieder einmal kein Ende nehmen will. Die Broth gibt Dir aber auch Halt und Haltung zurück, wenn gerade einmal Garnichts geht.

Die Broth ist mehr als nur eine Suppe, mehr als nur ein paar Graupen in einer salzigen Lauge, mehr als nur die Summe der Zutaten.

Ich wette mit Dir – wenn irgendwo an der schottischen Westküste die Thermosflasche aufgeht, dann ist da öfters als Du denkst eine gute Scotch Broth drin.

Weil Kaffee nur wachmacht, aber nicht satt, und weil der Tee in der anderen Kanne ist. Broth ist für uns trinkbares Zuhause zum Mitnehmen und zum Heimkommen

Scotch Broth

Für 8 hungrige und frierende Heimkehrer!

30min Vorbereitung   Kochzeit von 1h bis 3h

Zutaten:

300g Hammelfleisch	200g Steckrüben, geschält und gewürfelt
100g Erbsen	1 große Zwiebel, fein gehackt
100g Graupen	1 Stange Lauch, dünn geschnitten
1300ml Wasser	1/3 Weißkohl, geraspelt
Salz, Pfeffer	1 große Kartoffel, geschält und gewürfelt
200g Karotten, gewürfelt	50g Gerste
Etwas Butter	Petersilie, Löwenzahn

Je Portion ein Shot Bruichladdich Scottish Barley;

Wir machen das so:

Zuerst die Getreidezutaten, wenn's nötig ist, ausreichend einweichen.

Die Zwiebel und den Lauch in einem großen Topf auf heißer Flamme anbraten.

Das Wasser hinzugeben und zum Kochen bringen.

Erbsen, Bohnen, Graupen und Gerste hinzugeben.

‚Ein Dram lang' kochen lassen.

Rüben, Kartoffeln und Karotten zugeben und den Morgen über auf kleiner Flamme vor sich hin köcheln lassen.

Der Broth verdickt sich dabei auf etwa einen Liter Flüssigkeit.

Eine halbe Stunde vor dem Servieren aufkochen und je nach Bedarf etwas Wasser hinzugeben.

Nun den geraspelten Weißkohl zugeben.

Vor dem Servieren mit Salz und Pfeffer abschmecken und Petersilie, Löwenzahn und je Teller einen Shot *Bruichladdich Scottish Barley* zugeben.

Dazu schmecken *Sodabrot* und Butter.

2.

Enna-Lee Soup   Gerstenmalz und Linsen Suppe

Aufwärm-Trumpf

Möglichkeiten, sich da draußen kalte Hände zu holen, gibt es auf Islay eine ganze Menge. Im Feld und auf dem Wasser genauso wie auf dem Nachhauseweg von der Grundschule oder nach einem Pint beim Nachbarn. Dazu muss man an der ganzen Westküste nicht einmal auf den Winter warten, ein paar windige Regentage im August schaffen das spielend.

In unserer stürmischen Gegend, in der viel Begreifen noch mit der Hand erledigt werden muss, ist das Aufwärmen jedoch ganz wichtig. Der Atlantik ist da oft dran schuld, dass es erst weitergeht, wenn wie wieder Betriebstemparatur erreicht haben.

Die Enna Lee ist eine unserer bewährtesten Antworten auf klamme Finger – an einer Soupbowl Enna Lee wärmt man sich die Hände rasch wieder auf und ein paar köstliche Löffel bringen uns ganz schnell wieder auf Vordermann.

Enna-Lee Soup

Für acht hungrige Leute

15min Vorbereitung   *je nach Tageslage 1-3 h Kochzeit*

Zutaten

1l Fleischbrühe	120g gemälzte Gerste
120g Linsen, braun, getrocknet kleinst geschnitten	50g Schinken, roh oder geräuchert,
1 großer Sellerie, gewürfelt	2 Karotten, gewürfelt
1 Stange Lauch, grob geschnitten	1 Esslöffel Mehl zum Eindicken
1 Steckrübe, geputzt und gewürfelt	Salz, Pfeffer

Je Portion ein Shot Bunnahabhain Toiteach ;

Geht wirklich einfach!

Die Linsen und Gerste ausreichend waschen und einweichen.

Zuerst den Schinken in die Fleischbrühe einrühren und zum Kochen bringen.

Dann die Linsen und die Gerste in die kochende Brühe geben und unter Rühren aufkochen.

Nach 5 Minuten Karotten, Zwiebeln, Steckrüben, Sellerie und Lauch zugeben.

Den Morgen über auf kleiner Flamme köcheln lassen.

Immer wieder umrühren und das verkochte Wasser behutsam ersetzen.

Vor dem Servieren mit Mehl eindicken. Mit Salz und Pfeffer abschmecken.

In Schüsseln geben und einen Shot *Bunnahabhain Toiteach* unterrühren.

3.

Feanntaig Soup   Brennnessel und Löwenzahn Suppe

Genügsam glücklich

An den kurzen Sommertagen auf Islay und seinen Nachbarinseln ändert sich das Wetter öfters am Tage. Der Atlantik pustet eine Front kalter Winde und Regen über die Insel, treibt Wolken vor sich her und weicht uns einmal kräftig durch. ‚Daily Drench' heißt diese tägliche Taufe, und wird von allen schulterzuckend akzeptiert. Denn rasch jedoch kommt die Sonne mit aller Kraft durch die Wolken und beschert uns Our Glorious Scottish Weather. Scherzhaft sagt man, dass alle Jahreszeiten bei uns an einem Tag stattfinden.

Die Feanntaig Soup ist da immer willkommen, da sie sowohl warm als auch kalt gegessen werden kann, und somit zu jeder Jahreszeit passt.

Zuhause, ganz frisch vom Ofen, wärmt uns die Feanntaig Soup natürlich am besten auf; wir genießen sie sehr gerne mit frischem Brot und Butter.

Später, abgekühlt, erfreut sie uns als grüne Erfrischung. Ja selbst wenn das Wetter es sich doch wieder anders überlegt, steht die Feanntaig Soup schnell aufgewärmt erneut bereit.

Feanntaig Soup

Für acht Mittagsesser

Vorbereitung 15 min   *Kochzeit ca. 1h45min*

Wir nehmen

150g Brenneseln, geputzt und kleingeschnitten

150g Löwenzahn, geputzt und kleingeschnitten

750ml Hühnerbrühe   100g Kartoffeln, ungeschält, gewürfelt

100g Steckrüben, gewürfelt   3 Esslöffel Frischkäse

150g Gerste   Salz, Pfeffer

2 Shot Bruichladdich The Laddie 8 Jahre alt

So wird gekocht:

Brennnesselblätter mit einem Gummihandschuh sammeln.

Keine Stängel mit ernten!

Brenneseln und Löwenzahn waschen und in feine Streifen schneiden.

Hühnerbrühe zum Kochen bringen und die Gerste ca. 1 Stunde weichkochen.

Verdampfendes Wasser ersetzen, sonst wird die Suppe zu salzig.

Kartoffeln und Steckrüben zugeben und weitere 20min kochen.

Dann die Brenneseln und den Löwenzahn zugeben und kochen bis beide weich sind.

Vor dem Servieren 2 Shot *Bruichladdich The Laddie 8 Jahre* und den Frischkäse unterrühren und mit Salz und Pfeffer abschmecken.

Heiß servieren.

4.

Barfit (Barefoot) Broth   Barfuß-Brühe

Die Suppe der Sammler

Inselleben heißt stets mitzudenken, abzuwägen und vorzusorgen, denn im Herbst machen die Stürme die Versorgung vom Festland über Wochen hinweg schwer, bisweilen sogar unmöglich. Auch wenn es nur eine kurze Fährfahrt ist, Sturm heißt hier auf den westlichen Inseln seit je her, dass erst einmal nichts mehr geht.

Immer dann, wenn die raue See uns nicht viel schenken will, haben wir uns seit alters her auf das besonnen, das das Land uns gibt.

Die Barfit Broth ist so ein traditioneller Land-Schmaus. Wohl einst aus Not geboren, folgt sie dem im Herbst Sammelbaren und Verfügbaren und erweist dabei dem festen Land alle Ehre. Gerade bei ihr gilt, dass Rezepte nur Anhaltspunkte sind – in den Kochtopf kommt stets das, was gerade verfügbar ist.

Barfit (Barefoot) Broth

Für acht neugierige Feinschmecker

20min Vorbereitung   *gute 2 Stunden Kochzeit*

Wir nehmen immer das Folgende:

100g Eicheln, gewässert	100g Esskastanien, gewässert
200g Gerste	3 Karotten, gewürfelt
1 Zwiebel, fein geschnitten	2 Stangen Sellerie, fein geschnitten
1 Steckrübe, gewürfelt	400g Kartoffel, gewürfelt
¼ Weißkohl, geraspelt	2l Wasser
Salz, Pfeffer	1 Esslöffel Honig

20ml Bowmore 12 Jahre alt

So gelingts:

Im ungesalzenen Wasser Eicheln, Kastanien und Gerste mindestens eine Stunde lang weichkochen.

Dann Karotten, Sellerie, Zwiebeln, Steckrübe, Weißkohl und Kartoffeln zugeben und auf mittlerer Flamme eine Stunde weiter kochen.

Mit einem Pürierstab grob pürieren.

Mit Salz und Pfeffer abschmecken.

Vor dem Servieren 20ml *Bowmore 12 Jahre alt* und Honig unterrühren.

5.

Cock- A-Leekie   Hühnersuppe mit Lauch

Wettervorhersage

Hier kommen Kindheit, Regenpfützen und Strickpullover in den Sinn, beschlagene Fensterscheiben, bitterer Schwarztee und das erste Kratzen im Hals, mit dem wir die Erkältungssaison wieder einmal begrüßen.

Gegen all die herbstlichen Wetterumschwünge, gegen die Eiseskälte, die selbst durch die dickste Regenhaut fährt, haben wir seit jeher diese wunderbare Suppe.

Cock-A-Leekie, deren Aroma sich durch unser Pusten überall im Haus verbreitet und unsere Familienmitglieder, egal ob jung oder alt, an den Esstisch lockt, ist an der schottischen Westenküste sogar ein Ersatzwort für Sauwetter. Man sagt hier auf die Frage nach dem Wetter oft Cock-A-Leekie', und jeder weiß, dass ihn oder sie vor der Türe kein Sonnenschein erwartet.

Gehaltvoll, wärmend und mit ein paar wunderbaren Kniffen, die sie so besonders beliebt machen.

Cock- A-Leekie

Kann für 8 Leute reichen.

30min Vorbereitung   90min Kochzeit

Das nehmen wir normalerweise:

50g Butter	1 Hühnchen ,
200g Bacon-Schinken	2 Karotten, geraspelt
2 Sellerie, fein geschnitten	2 Lauch, fein geschnitten
2 Lorbeerblätter	etwas Bärlauch, gehackt
½ Bund Thymian, gehackt	15 Pflaumen, getrocknet, im Ganzen
Salz, Pfeffer	1l Wasser
50ml Bunnahabhain Mòine	

So wird's gut

In einer Pfanne das ganze Hühnchen von allen Seiten in Butter goldbraun anbraten.

Aus der Pfanne nehmen und auf einem Teller abkühlen lassen.

In dieser Pfanne nun Lorbeer, Bacon, Karotten, Sellerie und Lauch dunkel anbraten.

Huhn hinzugeben und mit Wasser abdecken.

50ml Bunnahabhain Mòine einrühren, so, dass alle Zutaten ‚schwimmen'.

Aufkochen und solange weiterköcheln, bis das Huhn zart und gegart ist. Immer wieder Wasser zugeben, wenn nötig.

Das Huhn entnehmen und etwas abkühlen lassen.

Dann das Huhn entbeinen und in einen neuen Topf geben.

Die Zutaten im ersten Topf pürieren und in den neuen Topf zum Huhn geben.

Wenn gewünscht, etwas Wasser hinzugeben, um eine flüssigere Konsistenz herzustellen. Bei uns kommt das auf die Menge und die Beliebtheit der Gäste an. Im Zweifelsfall verlängern wir mit Bunnahabhain.

Bärlauch, Thymian und Pflaumen einstreuen, verrühren und weitere 30min behutsam kochen.

Abschmecken mit Salz und Pfeffer und sofort heiß servieren.

6.

The Islay Whisky Soup   Islay Whisky Suppe

Die Legende

Ab und zu darf es auch mal ein Schluck mehr sein. Wir auf Islay im Besondern aber auch überall an der Westküste sitzen ja sozusagen an der Quelle.

Wir haben aber oft auch allen Grund zu diesem guten Schluck. Wenn der Tag besonders kalt und nass war, besonders schlimm oder einfach nur besonders. Gerade wenn wir uns dann zusammensetzen, um den Tag noch einmal durch den Kopf gehen zu lassen, kommen wir schnell auf hochprozentige Gedanken. Wir sind eben so, und wer wollte es uns verdenken?

Aber an simple Trinkerei wollen wir dabei aber gar nicht so gerne denken.

Damit die Grundlage nicht zu bieder wird, freuen wir uns auf die Islay Whisky Soup mit ihrem ordentlichen Spirit. Die Islay Whisky Soup wärmt, löst unsere Zungen und lässt uns Abstand nehmen vom Ärger, den der Tag so mitbrachte.

The Islay Whisky Soup

Reicht ab und zu für 8 Whisky-Kenner (aber nicht immer…)

Vorbereitung 15min,   Kochzeit ca. 1h,   ca. 20 min Backzeit

Die Zutaten als Orientierungshilfe

4 Zwiebeln, gehackt	100g Butter, gesalzen
2 Esslöffel Knoblauch, gehackt	3 Esslöffel Vollkornmehl
25ml Ardbeg 10 Jahre	*25ml Laphroaig Select*
25ml Bowmore 12 Jahre alt	*25ml Bruichladdich The Laddie*
1,25l Rinderbrühe	1 Lorbeerblatt
1 Esslöffel Thymian, gerebelt	2 Spritzer Worcester Sauce
Meersalz, Pfeffer	100ml Sourcream
Butter	Toastbrot
400g milder Cheddar, gerieben	

Das traditionelle Rezept:

Ofen auf 220Celsius vorheizen

Zwiebeln in einem großen Suppentopf mit der Butter goldbraun anbraten.

Knoblauch und Mehl hinzugeben und zu einer beigebraunen Paste verrühren.

Hitze reduzieren und *die Whiskies* bis auf *den Ardbeg* zugeben.

Alles was am Topfboden anhängt mit dem Kochlöffel ablösen.

Für 10 Minuten auf kleiner Hitze ganz leicht eindampfen

Rinderbrühe unterrühren und Lorbeer und Thymian einstreuen.

30 Minuten auf kleiner Flamme köcheln lassen.

Mit Worcestershiresauce würzen.

Von den Toastbrot-Scheiben den Rand entfernen und den warmen Toast großzügig buttern.

Die Suppe in acht ofenfeste Schüsseln aufteilen und den Ardbeg in die Schüsseln geben.

Die Toast-Scheiben so zurechtschneiden, dass sie als Deckel für die Schüsseln durchgehen.

Den Cheddar über die Toastscheiben streuen und die Schüsseln im Ofen backen lassen bis der Cheddar goldbraun ist.

Ja nach Vorliebe gelingt die Suppe auch mit 100ml eines einzigen Whiskys.

7.

Thistle Soup **Distelsuppe**

Verehrtes Unkraut

Die Distel, unsere schottische Nationalblume, ist mit der Artischocke weitläufig verwandt. Auch bei ihr lassen sich die Herzen verzehren. Sie werden von uns zu einer Suppe mit sanft würzigem Eigengeschmack verwandelt. In vielen Landstrichen Schottlands ist sie schon selten geworden, wird die Distel doch von vielen Landwirten eher als unerwünschtes Unkraut denn als Symbol für die einzigartige Schönheit Schottlands gesehen.

Doch nach wie vor werden Disteln ganz selten zum Verzehr angebaut – daher sammeln wir sie wild, wenn sie noch jung sind.

Die Distelsuppe ist auch hier ganz im Westen kein Gericht für jeden Tag; stattdessen verehren wir sie, wie auch den Haggis und unsere Clooties, gerade weil sie uns ganz eigen und unverwechselbar ist.

Die Fleischbällchen als Einlage wurden erst zu Großvaters Zeiten eingeführt – zuvor war Fleisch zu teuer, um es in der Suppe zu verkochen.

Thistle Soup

Menge für 8 Freunde ausreichend

Vorbereitung 15 min   *Kochzeit ca. 90min*

Vorher bitte die folgenden Zutaten bereithalten:

500g gesäuberte und gehackte Distelherzen

200g Rinderhack	2 Eier
2 Zehen Knoblauch, fein gehackt	50g Paniermehl
2 Esslöffel Distelöl	2 Esslöffel Petersilie, gehackt
2 Esslöffel Cheddar Mild, gerieben	Salz und Pfeffer
1 Teelöffel Botanist Islay Gin	2l Wasser

So wird's am besten:

Zunächst die gehackten Distelköpfe in einem großen Topf mit 2 l Wasser zum Kochen bringen und 30 min kochen.

Hackfleisch mit einem Ei und dem Paniermehl verkneten, bis eine teigartige Masse entsteht. Daraus ca. 1Euro große Bällchen formen.

In einer Pfanne das Distelöl erhitzen und Knoblauch zugeben.

Darin die Hackfleischbällchen bräunen.

Die Bällchen und den Knoblauch aus der Pfanne nehmen und auf Küchenpapier abtropfen lassen.

Dann die Bällchen und Knoblauch zu den Distelköpfen in die Suppe einsenken und 30min mitkochen.

Das zweite Ei in einer Tasse mit dem *Teelöffel Botanist Islay Gin* mit einer Gabel verschlagen.

Nun den Tasseninhalt komplett ganz langsam in die Suppe einrühren, so dass dünne Ei-Fäden entstehen.

Kurz aufkochen, dann etwas abkühlen lassen.

Mit Cheddarkäse bestreuen und mit Petersilie dekorieren.

Ardbeg Distillery

Ardbeg Distillery, Port Ellen - Kennacraig, Isle of Islay, Argyll, PA42 7EA

Ganz am Ende der alten A 846, kurz vor dem Kildalton Hochkreuz geht's rechts ab zur Ardbeg Distillery, deren Ursprünge bis in das Jahr 1794 zurückreichen. Nach einer Razzia übernahm 1815 John McDougall das legale Geschäft. Bis 1959 war Ardbeg, der Name stammt vom Gälischen Ard Bheag, kleiner Hügel, im Familienbesitz.

Die Distillerie wird von Shorty, dem kleinen Jack Russel bewacht, der aus einem eigenen Ardbeg Napf trinkt.

Ardbeg bezieht seine Wasser aus unmittelbarer Nähe, die Torfigkeit der Lochs Arinambeast und Loch Uigeadail ist legendär. Man verwendet Malz. aus der Port-Ellen-Mälzerei mit dem satten Phenolgehalt von 56,2 ppm. Die Distillery Ardbeg arbeitet mit einem 4,5 Tonnen Maischbottich und besitzt sechs Gärbottiche aus Lärchen- und aus Douglasienholz mit jeweils fast 25000Litern. Man destilliert nachwievor mit dampfbeheizten Innenpfannen eine Mengte von knapp einer Million Litern pro Jahr.

Lange Zeit galt Ardbeg aufgrund seines extremen Geschmacks nicht als Genussmittel, sondern als Arznei. Entsprechend wurde in grünen Apotheken-Flaschen abgefüllt. Der Geschmack erschien sogar so abseitig, dass Ardbeg während des Krieges weiterdistillieren durfte – es war ja Medizin.

Dieser Geschmack von Ardbeg stammt von hohen Anteilen an Torf und Rauch, Jod und Teer kommen als medizinische Wegrichtung in den Sinn. Dies liegt sicher auch am vergleichsweise hohen Phenolgehalt.

Ardbeg hat immer wieder durch Lieferengpässe Begehrlichkeiten geweckt – viele alte Abfüllungen sind heute gesuchte Sammlerstücke.

8.

Heather Soup   Heidekrautsuppe

Lasst Blumen schmecken

Die Heather-Soup ist eigentlich ein Gericht aus Zeiten der Not und des Mangels. Damals zog man los, um eine ärmliche Suppe mit etwas Farbe anzureichern; Heidekraut gibt es schließlich im Überfluss.

Heute ist die Heather Soup vor allen an Festtagen als Besonderheit auf unseren Tafeln zu finden. Dann, wenn wir uns auf Traditionen besinnen und gern unseren Vorfahren nah wären, gerade dann gibt es diese Suppe oft.

Sicher ist das auch deswegen so, weil die Heather Soup bei uns noch ein echtes Gemeinschaftswerk ist.

Bei ihr können schon die Jüngsten helfen, indem sie Heideblüten zupfen gehen, bei ihr gibt es aber auch für die Großeltern genug zu schnippeln und zu putzen. So ist bei der Heather Soup die ganze Familie in unserer schottischen Tradition vereint ist.

Heather Soup

Erfreut 8 Neugierige

Vorbereitung 10 min   *Kochzeit ca. 45 min*

Das wird gebraucht:

1l Gemüsebrühe	1 Tasse Heidekrautblüten, gewaschen
500g Tomaten, gehäutet	1 Große Zwiebel, gehackt
2 Knoblauchzehen, gehackt	1 Lorbeerblatt
1 TL Kümmel	2 EL Distelöl
Salz, Pfeffer	1 Teelöffel Apfelessig
4 EL Sourcream	1 Short Lagavulin 8Jahre alt wenn gewünscht

Wir machen's immer so:

Gemüsebrühe in großem Topf zum Kochen bringen und Knoblauch zugeben.

Vorsichtig die Tomaten einsenken und die Tomaten weichkochen.

In einer Pfanne Zwiebel anbraten, Lorbeerblatt und Kümmel zugeben und kurz anbräunen.

Pfanneninhalt in die Brühe einrühren und aufkochen.

Mit Salz und Pfeffer abschmecken.

Heideblüten bis auf ein paar wenige einrühren. Suppe erkalten lassen.

Suppe vor dem Servieren erneut aufkochen und auf 8 Schüsseln aufteilen.

Mit einem Löffel Sourcream verfeinern und die verbliebenen Heidekraut-Blüten zur Dekoration aufstreuen.

Und wenn gewünscht mit dem Short *Lagavulin 8Jahre* alt verfeinern.

9.

Classic Crofter's Soup   Klassische Landarbeiter-Suppe

Gut genug zum Teilen

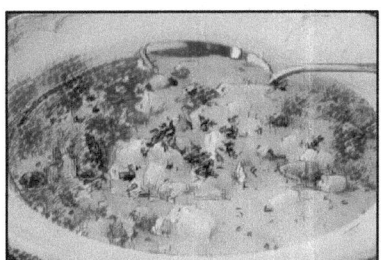

Die Insel Islay meint es eigentlich meistens schon ganz gut mit ihren Bewohnern. Sie ernährt uns, sie überrascht uns und erfreut uns. Manchmal aber dürfte es auch auf Islay schon ein wenig mehr sein, auch wenn heutzutage keiner mehr wirklich darben muss.

Doch nach wie vor gilt: Inselbewohner sind immer Crofter, was so viel wie ‚Ergänzungsgärtner' heißt. Hinterm Haus, oder auch davor wächst und gedeiht, was uns nahrhaft und nützlich erscheint. Kräuter, Gemüse, etwas Obst, und an den Windhecken oft Beerensträucher. Das ist selten ergiebig, aber stets unglaublich hart erarbeitet. Deshalb schmeckt uns unser Gemüse auch so gut.

Das wenige, das wir unserem eigenen Garten abringen können, reicht meist gerade für uns selber, natürlich für die Nachbarn, wenn sie es brauchen, und selbstverständlich für gute Freunde, eben, weil sie gute Freunde sind.

Daraus lässt sich, in immer wechselnden Anteilen, ein dicker Eintopf machen, der uns und unsere Freunde und Nachbarn zusammenschweißt und mehr als nur eine Mahlzeit ist.

Classic Crofters Soup

Für 8 Leute, die gerne was aus dem Garten essen.

Vorbereitung ca. 20min   *Kochzeit ca. 50min*

Das wird gebraucht

4 Esslöffel Butter	1/2 Zwiebel, gehackt
1 Knoblauchzehe, fein gehackt	1 Bund Schnittlauch
3 Stangen Sellerie, in Scheiben	2 Karotten, in Würfeln
6 Kartoffeln, festkochend	750ml-1000ml Wasser
750ml Milch	2 Schalotten
Salz, Pfeffer	
Smokehead Islay Whisky	

Es könnte nicht leichter sein:

Die Butter in einem großen Suppentopf schmelzen.

Darin Zwiebeln, Knoblauch und Sellerie anbraten bis die Zwiebeln glasig werden.

Karotten und Kartoffeln einrühren und weiterrühren, damit nichts am Topfboden anhängt.

Mit einem Schluck *Smokehead Islay* ‚anschubsen' und dann die Flüssigkeit reduzieren.

Nun das Wasser hinzugeben und unter gelegentlichem Rühren rasch erhitzen bis die Suppe kocht.

Hitze nun reduzieren und 15 Minuten köcheln lassen.

Dann Milch und Schalotten hinzufügen und mit Salz und Pfeffer abschmecken.

Mit Schnittlauch bestreuen und heiß servieren.

10.

Candy Soup   Rote Beete Suppe

Vitaminschmuggelei

Überall rund um den Globus dasselbe Problem: Die wenigsten unserer Bairns mögen Gemüse, und schon gleich gar nicht Rote Beete. Aber alle Kinder mögen Candy! Da unterscheiden sich Hamish, Cameron, Morag und Mairi nicht von Kindern in England, Deutschland und der ganzen Welt.

Doch ohne gesunde Nahrung bleiben unsere Kinder für immer ‚Wee Macs' - Schottchen.

Daher verstecken wir das Kerngesunde in unserer kerngesunden Rübensuppe ein wenig. Wir verbergen die vielen Vitamine unter dem Mäntelchen pink roter Suppe, erstaunen mit weißen Tupfen und freuen uns ganz ehrlich mit unseren Jüngsten, dass Candy auch als Suppe so toll ist.

Candy Soup

Wird von 8 Leuten locker gegessen.

Vorbereitung: 10 min   Kochzeit ca. 90min

Wir brauchen…

1 Teelöffel Olivenöl	3 kleine Rote Beete, geschält
2 Karotten, gewürfelt	1250ml Gemüsebrühe
1 Zwiebel, gewürfelt	2 Knoblauchzehen, fein geschnitten
1 Stange Lauch, in Scheiben	3 Kochäpfel, in Stückchen, sowie 8 Scheiben
Etwas Butter	100ml Sourcream
Zucker	8 Zitronenscheiben

Für die Erwachsenen: ein guter Schuss Kilchoman Bramble Liquor

So wird's ‚Really Candy':

Ofen auf 200C vorheizen.

Backblech mit Folie auslegen, Rote Beete darauf platzieren und mit Öl bestreichen.

Rote Beete mit Zucker bestreuen und im Ofen ca. 45 min rösten.

In einem großen Topf Butter schmelzen und die Karotten, Zwiebeln, Knoblauch und Lauch hinzugeben.

Mit der geschmolzenen Butter verrühren und gegebenenfalls etwas Likör hinzugeben.

Auf kleiner Hitze andünsten, dabei immer wieder zugeben.

Die Rote Beete nun würfeln und mit den Apfelstückchen zusammen in den Topf rühren.

Nun die Gemüsebrühe hinzufügen und gut verrühren, damit nichts am Topfboden anhängt.

Aufkochen und 15min bei mittlerer Hitze kochen lassen.

Mit einem Pürierstab grob pürieren und auf 8 Schüsseln verteilen.

Mit der Sourcream weiße Tupfen auf die Suppe malen.

Jede Schüssel mit einer Zitronenscheibe dekorieren.

11.

Flotsam Soup   Strandgut-Suppe

Suppen-Sammelsurium

Best of the West! All die wunderbaren Dinge, die uns der raue Atlantik und unsere schöne Inseln schenken, all die kommen in dieser legendären Suppe zusammen.

Allerlei Fisch und Krustentier, Grüngemüse und Kartoffeln, dazu ein guter Schuss sind ihre Grundlage. Die Zutaten schwanken je nach Jahreszeit und je nach dem, was wir gerade zur Verfügung haben.

Denn je nachdem, was wir im Garten und im Netz finden, geben wir der Strandgutsuppe gerne Extras hinzu: Mal ein paar Muscheln und Kabeljau statt Lachs, aber auch Möhren und Zwiebel und etwas Lauch passen gut dazu.

Die einzige Zutat, die nicht verhandelbar ist, ist der Ardbeg – es ginge zwar auch anders, aber es ist einfach nicht dasselbe.

Wir erweitern so die Idee des Strandgutes und erfinden die Flotsam Soup jedes Mal neu...

Flotsam Soup

Reicht für 8, manchmal auch nicht

Vorbereitung ca. 30min   *Kochzeit ca. 45min*

Das müssen wir uns vorher besorgen

4 Lachsfilets	200g Garnelen
200g Shrimps	2 große Kartoffeln, gewürfelt
1,5l Gemüsebrühe	500ml Milch
50ml Distelöl	*20ml Ardbeg Uigedail*
Salz, Pfeffer	1 Knoblauchzehe, gepresst
200ml Frischkäse	1 Esslöffel Mehl

So wird's richtig gut:

Traditionell wird an der Westküste Schottlands von den Kindern vom Strand ein Esslöffel Meerwasser geholt und der Suppe zugegeben. Dann benötigt die Suppe kein weiteres Salz.

Die Lachsfilets vorab in Milch 30min Wässern und langsam erhitzen.

In einem zweiten großen Topf das Öl erhitzen und die Zwiebeln und Kartoffeln kurz anschwitzen lassen.

Die Gemüsebrühe einschütten und kochen bis die Kartoffeln weich sind.

Dann den Lachs und die Milch hinzufügen und die *20ml Ardbeg Uigedail*. Beides ca. 5 min kochen.

Nun die Garnelen und Shrimps zur fast fertigen Suppe hinzufügen und mit Salz und Pfeffer abschmecken und mit dem Mehl behutsam eindicken.

In die Servier-Schüssel je einen Löffel Frischkäse geben und mit der Suppe auffüllen.

12.

Ubhal Soup   Apfelsuppe

Überfluss schmeckt prima

Wenn endlich die Äpfel auf Islay reif werden, heißt es für uns schnell zu sein. Denn zwischen dem Ende des kurzen Sommers und den ersten Herbststürmen vergehen kaum mehr als ein paar Tage. Manchmal sind es sogar nur ein paar Stunden. Dann schüttelt der Wind unsere Bäume leer und so haben wir mit einem Mal Äpfel im Überfluss und die müssen verbraucht werden.

Natürlich machen wir es hier ganz im Westen wie auch in vielen anderen Orten der Erde. Unsere Äpfel verarbeiten wir zu Kuchen, Brotaufstrichen, Cider und vielem mehr, doch oft bleiben immer noch ein paar Äpfel übrig.

Damit auch diese nicht verkommen, lässt sich mit Äpfeln und Kürbissen eine richtig gute Suppe herstellen.

Ubhal Soup

Reicht einigermaßen für 8

Vorbereitung ca. 20min, Kochzeit etwas mehr als eine Stunde

Die Zutaten:

2 Kürbisse, gewürfelt	3 Kochäpfel, geschält, in Schnitzen
3 Knoblauchzehen, fein gehackt	2 Zwiebeln, in Streifen
1.5 Gemüsebrühe	2 Esslöffel Sonnenblumenöl
200ml Sourcream	Salz und Pfeffer

2 Esslöffel Finlaggan Sherry Cask Whisky

Und die Zubereitung:

Den Ofen bei 180C vorheizen. Röstblech vorfetten oder mit Aluminiumfolie auslegen.

In einer Rührschüssel Apfel, Knoblauch, Zwiebel und Kürbis mit der Hand grob mit dem Sonnenblumenöl und dem *Finlaggan Sherry Cask Whisky* vermengen.

Die Mischung auf dem Röstblech ausbreiten, das Röstblech in den Ofen geben und ca. 30min rösten. Dann dem Ofen entnehmen und auskühlen lassen.

Brühe in einem großen Suppentopf zum Kochen bringen.

Die Mischung vom Röstblech in die kochende Brühe geben und gut verrühren.

Nach kurzem Aufkochen die Hitze reduzieren und mit dem Pürierstab fein pürieren.

Mit Salz und Pfeffer abschmecken.

In jeder Schüssel einen Teelöffel Sourcream versenken und je eine Apfelscheibe als Deckel auflegen.

13.

West Coast Cullen Skink   **Schottische Schellfisch-Suppe**

Es lebe der Beifang

Wenn die Leute von Port Ellen bis Durness sagen, ‚I'm going oot', meinen sie 'draußen auf See', und nicht nur ‚vor der Tür'. Die Männer, und übrigens auch die Frauen, die da draußen ihren Mann und ihre 'Männin' stehen, haben tagtäglich mit erbarmungslosen Elementen zu kämpfen. Das ist keine leichte Aufgabe, und obwohl heutzutage Technik hilft, bleibt wirklich noch genüg rückenbiegende Arbeit zu tun.

Der Lohn dieser Schwerarbeit ist ein guter Fang, ein ‚deagh ghlac' ‚für den man halberfrorene Finger und durchweichte Kleidung mit stoischer Gleichmut erduldet. Ein richtig guter Fang ist der, den wir im Hafen schnell und nicht zu billig loswerden, und bei dem dennoch genügend Fisch für unser Cullen Skink übrigbleibt.

Dann ist es für uns ein Real Skinky Day, und was kann es besseres für die da draußen und die daheim geben?

West Coast Cullen Skink

Für 8 gute Freunde prima geeignet

Vorbereitung ca. 30min   Kochzeit ca. 45min

Wir nehmen oder besorgen uns:

500g Schellfisch Filets, geräuchert	40g Butter
1 Lorbeerblatt	1 Weißer Teil vom Lauch, geschnitten
4 Kartoffeln, mehlig, gewürfelt	500 ml Buttermilch
2 Esslöffel Kartoffelpüree-Pulver	Wasser
Salz, Pfeffer	*2 Shot Lagavulin 16 Jahre alt*

Wir kochen folgendermaßen:

Zuerst den Fisch in einem ausreichend großen Topf mit Wasser bedecken, das Lorbeerblatt dazu und gut 10min kochen.

Den Fisch vom Herd nehmen, entgräten und rupfen.

Die Flüssigkeit aus dem Topf durch ein Sieb in einen Behälter abseien.

Die Butter in einem Topf über geringer Hitze langsam schmelzen.

Lauch und etwas Salz und Pfeffer hinzugeben und anschwitzen lassen.

Die Kartoffeln und die eben gewonnene Flüssigkeit hinzufügen und kochen bis die Kartoffeln weich sind.

Dabei nach und nach den Lagavulin hinzufügen. Etwa die Hälfte entnehmen.

Nun die Milch und etwa die verbliebene Hälfte des Fisches in den Topf geben und bei mittlerer Hitze garen.

Mit einem Pürierstab zerkleinern und erwärmen aber nicht mehr kochen.

Mit Salz und Pfeffer abschmecken.

Zum Servieren die entnommene Menge in die Schüsseln verteilen und mit der heißen Suppe aufgießen.

14.

Neep and Tattie Soup Kartoffel und Rüben Suppe

Suppe gegen das Wetter

An den Tagen und manchmal Wochen, an denen kein Boot von den westlichen Inseln ablegt, weil der Atlantik uns mit 'Gaelforce' straft, an Tagen, an denen sich die Schafe gegen den Wind ganz flach zusammen kauern, an denen die Wolken über uns hinweg rasen und uns der Regen 50 Shades Of Grauton vorführt, an solchen Tagen sind wir froh um ein Feuer im Kamin und eine Suppe, die sich auf unser festes Land besinnt.

Die Neep And Tattie Soup kommt uns da genau richtig. Schön salzig muss sie sein, ein bisschen fettig und mit etwas Biss. Das ist nicht gerade viel verlangt.

Doch selbst das schlichteste Rezept schmeckt wunderbar, wenn draußen die Elemente toben.

Neep and Tattie Soup

Für 8 strahlende Gesichter

Vorbereitungszeit ca. 15 min   *Kochzeit ca. 1 Stunde*

Unsere Zutaten

1,5l Gemüsebrühe	1 Bund Liebstöckel
50g Butter	1 Knoblauchzehe, fein geschnitten
1 Zwiebel, fein geschnitten	3 Karotten, in dünnen Scheiben
1 Steckrübe, gewürfelt	1 Pastinake, gewürfelt
4 Kartoffeln, festkochend, gewürfelt	Petersilie, Löwenzahnblätter
Salz, Pfeffer	

1 Schuss Bowmore The Rock

Und das sind die Anweisungen:

Die Zwiebel und den Knoblauch in der Butter kurz anschwitzen, dann mit einem *Schuss Bowmore The Rock* ablöschen.

Flüssigkeit reduzieren.

In einem Topf mit der Gemüsebrühe und dem Liebstöckel geben und zu Kochen bringen.

Rübe, Pastinake, Kartoffeln und Karotten zugeben.

Bei geringer Hitze ca. 45min kochen bis das Gemüse zart ist.

Mit Salz und Pfeffer abschmecken und in Suppenschüsseln verteilen.

Etwas Löwenzahn und Petersilie fein schneiden und auf die Schüsslen dekorieren.

15.

The Haggis Soup   Haggis-Suppe

Haggis für Fortgeschrittene

Unser Nationalgericht ist und bleibt The Haggis. Der Schafmagen, gefüllt mit Innereien, Hafer und Gewürzen, hat in aller Welt seine Fans, Freunde und Bekannte.

Die meisten Menschen außerhalb Schottlands genießen den Chieftain Of The Pudding Race nur brühgewärmt mit Kartoffeln und Rüben, wenn Rabbie Burns alljährlich zum Supper lädt. Wenn überhaupt.

Doch Haggis gehört hier zwischen Harris und Arran zu den sehr häufig und sehr vielseitig genutzten Zutaten.

Sei es frisch vom Islay Butcher in Bowmore oder aus der Konserve, Haggis geht immer. Auch hier im Buch finden sich gleich mehrere Wege, Haggis zu verwenden.

In vielen Haushalten unserer Gegend köchelt vor dem Jahreswechsel sogar eine besondere Suppe, in der Haggis, Speck und Gemüse die entscheidende Rolle spielen.

The Haggis Soup

Für acht kernige Schotten

Vorbereitungszeit ca. 15 min   *Kochzeit ca. 25min*

Das gehört rein

1 Scheibe Speck

1 Stange Lauch, grob geschnitten in Ringe

1 Esslöffel Haferflocken

250g Haggis

1 große Kartoffel, festkochend

½ Steckrübe, gewürfelt

1,5l Rinderkraftbrühe

Salz, Pfeffer, Muskat

Laphroaig Select

Und die echte Haggis-Soup machen wir so:

Die Scheibe Speck in einem großen Suppentopf langsam auslassen.

Darin Lauch, Rübe und Kartoffel anbraten.

Einen Schuss *Laphroaig Select* zugeben und verrühren, damit nichts am Topfboden anhängt.

Rinderkraftbrühe und Haggis zugeben und ca. 10min auf mittlerer Flamme kochen.

Mit einem Esslöffel Haferflocken zum Eindicken einrühren.

Mit Salz, Pfeffer und Muskat abschmecken und mit Brot und Butter servieren.

16.

Cranberry Soup   Preiselbeersuppe

Luxus auf Islay-Art

Im Gegensatz zu vielen aus der Not geborenen Gerichten ist die Cranberry Soup eine luxuriöse Suppe aus Zeiten des reinen Überflusses. Dann nämlich, wenn hier im Westen die Beeren reif sind, lässt sich aus schottischem Übermut, aus gesunder Neugierde und aus purer Lebensfreude eine ausgezeichnete Suppe erschaffen.

Bei der Cranberry Soup handelt es sich übrigens um das einzige mir bekannte Gericht, das zumindest hier im Westen sowohl als Vorspeise als auch als Nachtisch gerne gegessen wird.

Wir lieben die Cranberry Soup auch deshalb, weil eigentlich nichts schiefgehen kann – die Beeren entsaften sich beim Kochen, und eine allzu saure Ernte kann jederzeit mit ein paar Löffeln Zucker oder einem Schuss Whisky nachgewürzt werden.

Cranberry Soup

Zutaten für 4 Teller bzw. 6 Mugs

Vorbereitung ca. 15min   *Ziehzeit ca. 60min*   *Kochzeit ca. 45min*

Wir brauchen nicht viel

400g Preiselbeeren   5 Esslöffel Zucker

750ml Wasser   2 Esslöffel Stärke

Saft einer Zitrone

2x 1 Esslöffel Caol Ila Distillers Edition

Und so gelingt uns die Cranberry Soup

Die Preiselbeeren gründlichst putzen.

Preiselbeeren in einer Rührschüssel mit dem Zucker und einem Esslöffel *Caol Ila Distillers Edition* vermischen und ca. 1 Stunde ziehen lassen.

Einen Esslöffel Beeren entnehmen.

Die übrigen Beeren, Zucker und Wasser in einen Suppentopf geben und langsam zum Kochen bringen.

Behutsam für 20-30 min köcheln, bis die Preiselbeeren sich langsam auflösen. Schaumbildung durch die Zugabe von etwas Zitronensaft eindämmen.

Preiselbeeren-Suppe von der Flamme nehmen, Stärke mit Wasser mischen und langsam aber stetig einrühren.

Suppe nun wieder erwärmen und bei mäßiger Hitze eindicken. Wenn nötig etwas Zucker zugeben.

Heiße Suppe in eine Stanley-Flasche füllen, zweiten Esslöffel *Caol Ila Distillers Edition* zugeben und draußen genießen.

Bowmore Distillery

Bowmore Distillery, School St, Bowmore, Isle of Islay, Argyll, PA43 7JS

Bowmore am Lochindaal wurde offiziell 1779 durch David Simson gründet. Die Distillery ist damit die erste legale Brennerei auf Islay und auch eine der ältesten in Schottland. Bowmore, der Name verweist auf ein großes Riff, wechselte in den vielen Jahrzehnten seiner Existenz oft den Besitzer und stellte den Betrieb immer wieder notgedrungen ein.

Auch die im Ort Bowmore gelegenen heiligen Hallen haben schon viel mitgemacht, waren Werfthallen für Boote und Flugboote, und wechselten oft den Besitzer. Von den vielen Einzelgebäuden werden heutzutage nicht mehr alle gebraucht – aus einer Lagerhalle wurde das Bowmore-Hallenbad, beheizt mit der Abwärme des Brennprozesses.

Bowmore's Wasser kommt aus dem nahegelegenen Fluss Laggan. Auch das Malz wird in der eigenen Mälzerei verarbeitet. Bowmore kann auf einen Phenolwert von 25ppm zurückgreifen. Zudem stehen die Lagerhäuser so dicht am Wasser, dass Überschwemmungen von bis zu 1,5Metern keine Seltenheit sind.

In ihren sechs Gärbottichen bereitet Bowmore die Herstellung von ca. 2Millionen Litern im Jahr vor. Viele von Bowmore's Whiskies reifen in Sherryfässern, und erhalten so ihre charakteristische Note.

Daher bieten viele der Abfüllungen von Bowmore sowohl die für Islay typischen Rauch- und Torfnoten als auch ein charakteristisches Sherry Aroma. Bowmore zeichnet sich durch eine erstaunlich große Produktpalette aus: Von der 8-Jährigen soliden Abfüllung für Jedermann bis zu den über 30jährigen Seadragon-Ausgaben, deren Geschmackserlebnis erst einmal bezahlt sein will, ist kaum ein Wunsch unerfüllbar.

II   Starters

17.

Tattie Scones   Kartoffel-Flädchen

Die Grundidee schottischer Mahlzeiten

Was wären die Menschen im Westen Schottlands ohne ihre Kartoffeln! Die kleinen Dinger, die wir liebevoll Tatties nennen, sind aus unseren Mahlzeiten kaum wegzudenken.

Natürlich kommt uns hier an der rauen Atlantikküste zuerst die klassische Kombination ‚Fish And Chips' in den Sinn. Die Tatties sind dabei keineswegs der Juniorpartner. Schließlich gehen wir zum Chip Shop, den wir liebevoll Chippie nennen, und nicht zum Fishie.

Doch es geht auch anders.

Tattie Scones – die sind nicht ganz Reibekuchen aber auch noch nicht Gebäck, sondern eine ganz eigene, kleine, würzige Speise. Wir essen Tattie Scones als Appetit-Happen vorab, um Lust auf mehr zu bekommen und um dem Hunger die Spitze zu nehmen.

Diese Kartoffel-Flädchen erfüllen die Grundidee einer schottischen Mahlzeit: heiß, salzig, fettig – und bleiben in ihrer Schlichtheit ein Klassiker.

Tattie Scones

Stillt den ersten Hunger von 6-8 gestandenen Männern

Vorbereitung ca. 20min   Zubereitung ca. 30min

Wirklich einfach – die Zutaten

500g Kartoffeln, gekocht und geschält	½ Teelöffel feines Salz
80g Butter	150g Mehl
Einen Schuss Milch	½ Tüte Backpulver

Und genauso einfach – die Zubereitung

Zunächst die Kartoffeln in einer Rührschüssel zu einem gleichmäßigen Brei verkneten.

Dann mit Salz, Butter, Backpulver und Mehl behutsam zu einem festen Teig verarbeiten.

Einen kleinen Schuss Milch dazugeben. Aber Vorsicht mit der Menge der Milch - der Teig muss fest bleiben.

Auf einer vorgemehlten Oberfläche den Teig noch einmal gründlich durchkneten.

Teig zu einer ovalen Fläche von ca. 1cm Stärke mit der Faust grob auswalzen.

Teigreste erneut verkneten und restlos verarbeiten.

Fett in der Pfanne ca. einen halben Zentimeter tief erhitzen.

Aus dem Teig mit einem Glas Kreise ausstechen und diese im heißen Fett je Seite 2 min beidseitig ausbraten.

18.

Fire Scones   Ofenfladen

Des Guten zu viel

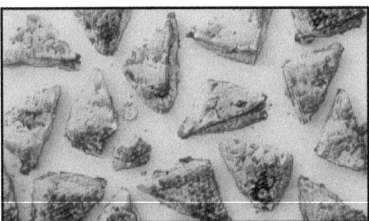

Nicht alles, was wir hier kurz vor dem schottischen Festland gerne essen, wird von Ernährungsspezialisten empfohlen oder gar gelobt.

Ganz im Gegenteil – entweder ist zu viel dies, oder zu wenig jenes drin. Experten schütteln sich beim Anblick so mancher Mahlzeit. Wir sind also gewarnt. Und sind wir alle froh, dass es hier ganz draußen im Westen so wenige Gesundheitsberater gibt.

Denn bei uns herrscht die einhellige Meinung vor, zu viel von einer Sache kann auch ab und zu etwas Wunderbares sein.

Die Ofenfladen sind so ein Rezept, das zu viel von vielem hat. Sie heißen bei uns Fire Scones, weil sie umso besser schmecken, je heißer das Ofenfeuer ist. Sie lassen sich prima mit Butter bestreichen und mit Käse oder auch Konfitüre veredeln, und kaum einmal bleibt einer der Scones übrig.

Mein Rat ist also eher, lieber eine Portion mehr zu machen und ein anderes Mal auf etwas zu verzichten.

Fire Scones

Zutaten sind für 8 Stück reichen für vier, manchmal auch nur für zwei Jungs

Vorbereitungszeit ca. 20min   *Kochzeit ca. 10min*

Das brauchen wir:

225 g Mehl	1 Prise Salz
1 Esslöffel Backpulver	1 Teelöffel Rohrzucker
50 g Butter, zerkleinert	150 ml Milch
100g Schweineschmalz	

Zubereitung:

Ofen auf 220C erhitzen

In eine große Backschüssel Mehl einsieben und mit Salz und Backpulver gründlich vermischen.

Den Zucker und die Butter von Hand vorsichtig untermengen.

In der Mitte der Mischung ein Loch formen und dort die Milch langsam unterheben, bis sich ein fester Teig bildet.

Den Teig in 8 Teile aufteilen und jedes Teil in ein flaches Dreieck formen.

Schweineschmalz verflüssigen und auf einem Backblech Schweineschmalz verstreichen und die Dreiecke darin verteilen.

Ca. 10 min im Ofen goldbraun backen.

19.

Islay Toasties   Schellfisch Toast

Schnellfisch-Toast

Auch wenn auf Islay die Uhren anders gehen, als auf dem hektischen Festland, manchmal muss es selbst bei uns etwas schneller gehen mit dem Essen;

Weil unser Hunger doch schon so groß ist, oder weil die Zeit heute einmal wieder gar so knapp ist, weil da draußen vor der Tür immer noch Arbeit wartet auf uns, oder auch schon wieder die Freunde.

Trotzdem haben wir gerne einen ordentlichen Bissen zwischen den Zähnen.

Die Islay Toasties sind so eine Grundlage, die flott zubereitet ist, und die wir sogar noch essen können, wenn die andere Hand schon wieder am Steuerrad hält – sei es nun auf dem Fischerboot oder im Pickup Truck.

Islay Toasties

Reicht für 4 Leute oder weniger

Zubereitungszeit ca. 15min   *Kochzeit ca. 20min*

Zutaten

200g geräucherten Schellfisch   200ml Milch
2 Esslöffel Mehl   30g Hartkäse, gerieben

1 Ei, getrennt   Salz, Pfeffer

Einen Schuss Ardbeg Uigedail

4 Scheiben Toast, beidseitig (!) vorgebuttert

Zubereitung

Den geräucherten Fisch in der Hälfte der kalten Milch in einem Topf etwas wässern, dann beides rasch zum Kochen bringen.

Etwas Hitze reduzieren, und abgedeckt ca. 5 Minuten kochen, bis sich der Fisch leicht mit einer Gabel teilen lässt. Etwas *Ardbeg Uigedail* zuschießen.

Fisch entnehmen und in kleine Teile trennen.

Mehl und den Rest der Milch in ein Schraubglas geben und durch Schütteln gründlich mischen.

Mischung in den Topf sachte einrühren und unter ständigem Rühren aufkochen bis sie beginnt einzudicken.

Käse, Eigelb und den in Stückchen geteilten Fisch einrühren und mit Salz und Pfeffer würzen.

Kurz aufkochen.

Eiweiß aufschlagen und mit einer Spatel unterrühren.

Toast in eine Pfanne geben, und die Fischmischung verteilen.

In der Pfanne erhitzen und heiß servieren.

20.

Rumbledethumbs   Durcheinandertopf

Im Magen kommt ohnehin alles zusammen

Vom Corryvreckan-Wirbel vor Islay über Stac Pollaidh bei Ullapool bis zu Claigan Coral Beach auf Skye, die Westküste Schottlands ist voller Geheimnisse.

Eines unserer bestgehüteten Geheimnisse ist der legendäre Rumbledethumbs.

Die Idee hinter Rumbledethumbs ist, ganz flink aus wenigen Zutaten etwas Warmes und Wohlschmeckendes herbeizuzaubern. Am besten aus Zutaten, die auf den ersten Blick gar nicht so gut zusammenpassen. Und diese Zutaten werden dann auch noch ganz anders zubereitet, als wir das sonst von ihnen kennen.

Da ist jedoch auch die praktische Seite. Die Idee, dass man, wenn nötig, den Rumbledethumbs auch einmal bereits aus der Pfanne essen kann. Und zwar sowohl mit Gabel als auch mit Löffel als auch mit Kaffeelöffel, zur Not mit Brot gelöffelt und bei entsprechendem Zustand sogar ganz vorsichtig mit den Fingern. Herrlich.

Doch auch auf dem Teller, hübsch garniert, heiß serviert und mit Cheddar bestreut ist unser schnelles Gericht an der ganzen Westküste sehr beliebt.

Rumbledethumbs

Reicht für 6-8 Hungerhaken.

Vorbereitung ca. 10min   Kochzeit ca. 10-20min

Die Zutaten sind flexibel, aber ganz grundsätzlich wäre gut:

500g Kartoffeln, vorgekocht	250g gekochten Weißkohl
50g Butter	Salz und Pfeffer
1 Esslöffel Kilchoman Machir Bay	1-3 Esslöffel Buttermilch
150g Cheddar, gerieben	

Entsprechend einfach ist die Zubereitung

Die Kartoffeln mit dem *Kilchoman Machir Bay* und der Buttermilch in einem großen Topf gründlich stampfen.

Butter hinzugeben und im Topf verrühren.

Den Kohl in feinen Streifen in eine große Pfanne einschneiden.

Bei niedriger Temperatur langsam erhitzen und mit Salz und Pfeffer würzen.

Kartoffelmischung aus dem Topf zugeben und mit dem Kohl verrühren.

10 min gemütlich braten. Dabei am Boden anhängende Krustenteilchen in die Mischung allmählich mit einrühren.

Vor dem Servieren mit Cheddar bestreuen.

21.

Fatty Cutty   **Pfannkuchenstifte**

Ungesund aber glücklich

Fatty Cutty ist ein ganz altes Rezept aus Zeiten, in denen ein voller Magen weitaus mehr zählte als der Blick auf die Nährwerttabelle und die Sorge um den Vitaminhaushalt. Vielmehr greift man an der ganzen Westküste besonders gern zu den Fatty Cutties, wenn die Gleichung ‚satt gleich zufrieden‘ aufgemacht wird, vor allem aber, wenn der Alkohol vom Vortag einen ebenbürtigen Gegner braucht.

Denn die vielgeliebte Sättigungsbeilage wird vor allem gereicht, wenn es spät und später wird, und wenn es wieder einmal hochprozentig hergeht. Die Cutties, so hofft man, saugen mit ihrem vielen Fett irgendwie den Alkohol auf und sorgen damit für einen sorgenfreien Morgen danach.

Das klappt, soviel sei hier zugegeben, nicht immer, aber am Abend davor haben die Fatty Cutties uns gut geschmeckt.

Fatty Cutty

Reicht für 4-6 hungrige Leute
Vorbereitungszeit ca. 15min   *Zubereitung ca. 10min*

Die traditionellen Zutaten:

350g Mehl   225g Butter

1 Prise Backpulver   1Prise Salz

3 Esslöffel Rohrzucker   150g Rosinen

Ein Schuss Bowmore Gold Reef

Und die recht simple Zubereitung:

Die Butter schmelzen.

In einer Rührschüssel Mehl, Zucker, Rosinen und Backpulver vermischen.

Geschmolzene Butter und einen Schuss *Bowmore Gold Reef* hinzugeben und gründlich unterziehen.

Auf einer vorgemehlten Fläche den Teig auf die Dicke eines kleinen Fingers ausrollen. (Pinkie-Strength)

In einer beschichteten Pfanne ohne weiteres Fett ausbacken, bis beide Seiten goldbraun sind.

22.

Porridge Pancakes   Porridge Pfannkuchen

Up-Cycling für den Gaumen

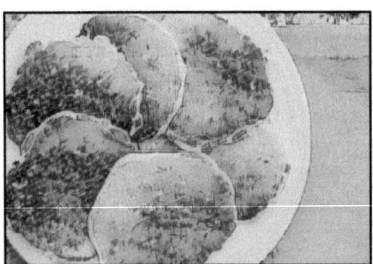

Ein eiserner Grundsatz der Küche Islays ist das Ergebnis ihrer abgeschiedenen Lage: ‚Waste Not – Want Not!' – Wer nichts verschwendet, der wird auch nichts vermissen. Hier wird bevorratet und gehaushaltet und wenn auch selten etwas fehlt ist das kein Grund, verschwenderisch zu sein.

Wer kennt das nicht? Oft genug haben wir's mit der Porridge Menge beim Frühstück zu gut gemeint und es bleibt ein ordentlicher Rest Porridge in der Pfanne, den wirklich keiner mehr möchte.

Das freut uns hier auf Islay, dann aus dem ungenießbar kalten Rest Porridge lassen sich wunderbar fluffige, extrem sättigende Pfannkuchen machen. Man muss nur wissen wie.

Porridge Pancakes

Reicht bestenfalls für 6 Leute

Vorbereitung ca. 10min   Kochzeit ca. 15min

‚Man nehme'

150g kaltes, übrig gebliebenes Porridge	150g Backpulver-Mehl-Mischung
2 Esslöffel Backpulver	2 große Eier
100ml Milch	2 Esslöffel Sonnenblumenöl oder Distelöl

Für die Füllung/das Topping

100g Cheddar, mild	2 Eier
Salz, Pfeffer	Honig

‚Man mache'

Den Porridge-Rest in einer Rührschüssel mit Mehl, Backpulver, Ei und Milch zu einer zähflüssigen Mischung verrühren.

Pfanne mit wenig Öl beträufeln und erhitzen.

Eine Schöpfkelle voll Teig in die Pfanne geben und in der Pfanne flach verlaufen lassen.

Zunächst auf der unteren Seite goldbraun anbraten, dann mit einer Spatel wenden.

Auch auf der zweiten Seite bräunen.

Fertigen Porridge-Pfannkuchen im Ofen abgedeckt warmhalten.

Käse reiben. Ei in der Pfanne Sunnyside Up braten.

Käse und Ei in den Pfannkuchen einrollen und mit etwas Salz und Pfeffer würzen.

Den gerollten Pfannkuchen mit Honig beträufeln.

23.

Kale Chips   Wirsing-Chips

Nebenbei immer gerne

Getreu dem inoffiziellen schottischen Motto 'Was sich nicht frittieren lässt taugt nichts' hat auch der schnöde Wirsing den Weg in unsere Fritteuse und den Backofen gefunden.

Zu Recht, denn aus dem unbeliebten Grünzeugs aus Großmutters Tagen wird mit den richtigen Zutaten bei uns daheim eine pfiffige Nebenbei-Knabberei, bei der jeder gern einmal zulangt.

Der Trick bei den Kale Chips ist, den richtigen Zeitpunkt bei der Frittiererei zu finden – der Kale darf nicht zu dunkel geröstet werden, aber auch nicht zu weich bleiben.

Kale Chips

Reicht für 5 Nebenbei-Esser.
Vorbereitung ca. 15 min   *Zubereitung ca. 30min*

Zutaten

1 großer Bund gekräuselter Wirsing	2 Esslöffel Distelöl
Grobes Salz	Gewürze nach Wahl
	(z.B. Pfeffer, Kumin, Chili)
2 Esslöffel Malz Essig	*Ein Spritzer Caol Isla 10Jahre alt*

Zubereitung:

Ofen auf 230C erhitzen

Die Wirsingblätter waschen und sehr gründlich trocknen.

Die Blätter vom Stamm trennen und in kleinere Stückchen reißen.

In einer Salatschüssel Blätter mit dem Öl ausgiebig vermischen.

Nach und nach mit Salz und den gewünschten Gewürzen würzen.

Auf Backpapier auf ein Backblech legen, so dass kein Blatt das andere berührt.

Im Ofen 15min backen, dann durch schwenken leicht wenden.

Nun genau beobachten und 5-10 min fertigbacken.

Der Wirsing sollte gerade zu bräunen beginnen.

Caol Isla 10Jahre alt und Malzessig in einem Teller verrühren und fertige Chips dippen.

Bruichladdich

Bruichladdich Distillery, Isle of Islay, Argyll, Scotland, PA49 7UN

Die Distillery Bruichladdich liegt, so der Scherz, genau gegenüber von Bowmore. Das mag zwar sein, jedoch liegen 3 km Wasser des Lochindaal dazwischen. Im Jahr 1881 gründeten die drei Brüder William, Robert und John Gourlay Harvey weit im West Islays die Brennerei Bruichladdich. Ihre Einrichtung, damals eine der modernsten überhaupt, wird noch heute verwendet.

Bruichladdich bricht mit der Tradition der aus Landwirtschaft entstandenen Brennereien, und wurde zum Zweck der Whiskyherstellung geplant. Auch Bruichladdich machte mehrere Schließungen durch, bis sich nach längerer Pause im Jahr 2000 generalüberholt wiedereröffnet wurde. Hierbei wurde nicht etwa erneuert, sondern ausschließlich die alte Brenneinrichtung sorgfältig aufbereitet.

Bruichladdich verwendet Bio-Gerste aus Islay und Wasser der eigenen nahegelegenen Octomore Farm und gärt sein gärt traditionell in sechs Bottichen mit über 200000l Fassungsvermögen, und brennt in zwei dampferhitzten Blasen mit jeweils gut über 20.000l. Seit gut zehn Jahren verfügt die Brennerei auch über einen Lomond-Still, der aus der stillgelegten Inverleven-Distillery zugekauft wurde. Bruichladdich ist für seinen ,Tricklespirit' bekannt, der frische Brand läuft langsam tropfend in den Auffang.

Neben der Marke Bruichladdich findet sich auch die Serie Port Charlotte und Octomore im Programm der umtriebigen Brennerei – auch die beiden letzteren Whiskies sind für ihren Torfgehalt bekannt und weltweit geschätzt.

III   The Sea

24.

Ceilp Salad   Seetang Salat

Keineswegs exotisch

Wer den Seetang immer noch allein für eine asiatische Köstlichkeit hält, der irrt. Seit vielen Jahren wird Ceilp, wie er bei uns an der Westküste Schottlands heißt, im späten Winter und im Frühjahr geerntet.

Wenn wir die Gummistiefel und manchmal auch die Wathose anziehen und ‚in den Wald gehen', meinen wir den Ceilp Forrest, die sich sanft in der Dünung wiegenden Seetang-Wälder in Ufernähe. Dann nämlich, in seiner Wachstumsphase, ist der Kelp am besten.

Reich an Jod und Vitaminen ist der Ceilp uns auch als Sättiger ein geschätztes Grünzeug. Und nach einem frischen Morgen mit der Schere bei Ebbe im flachen Uferwasser schmeckt uns auf den Inseln der Seetangsalat nochmal so gut.

Ceilp Salad

Für 6-8 Genießer

Zubereitung ca. 20min

Ungefähr diese Zutaten brauchen wir:

500g Kelp/Seeetang, frisch

2 Salatzwiebeln, gehackt

Ein Spritzer Caol Ila 12 Jahre alt

1 Esslöffel Löwenzahn, gehackt

2 Esslöffel Sonnenblumenöl

2 Esslöffel Apfelessig

etwas Sonnenblumenöl

1 Stange Lauch, fein geschnitten

1 Knoblauchzehe, fein gescheibt

2 Salatgurken, klein gewürfelt

1 Esslöffel Honig

1 Esslöffel Kern/Nuss Mischung, kleingehackt

Funktioniert erfreulich einfach

Den Kelp in einer Schüssel wässern und waschen, auf Küchenpapier abtropfen und in ca. 4cm Streifen schneiden.

In einer Pfanne den Kelp fünf Minuten anbraten, dann kühlen lassen und abtrocken.

Ein Spritzer Caol Isla 12 Jahre alt in die Salatschüssel geben und Zwiebeln und Knoblauch darin wenden bis die Flüssigkeit aufgesaugt ist.

Lauch, Salatgurken, Löwenzahn und Kelp hinzufügen und mit der Hand vermengen.

In einem Glas das Sonnenblumenöl, den Honig und den Essig zu einer Sauce verrühren und in den Salat einarbeiten.

Salat auf Schüsseln verteilen und mit der Nuss-Kern-Mischung bestreuen.

25.

Cabbie Claw   Kabeljau-Mus

Wohlverdiente Vielfalt

Cabbie ist der Spitzname des jungen Kabeljaus in den Gewässern der Westküste Schottlands.

Cabbie Claw ist für uns der Inbegriff einer wohlverdienten Mahlzeit.

Einst vor allem in maritimen Haushalten geschätzt, muss man heute längst nicht mehr zur See fahren, um den Cabbie Claw zu schätzen. Die Mischung des legendären Gerichts macht's: Aus sehr würzigem Fischmus, mildem Kartoffelbrei, Ei und Grünzeug entsteht eine außergewöhnliche geschmackliche Vielfalt, zu der es von Insel zu Insel sehr viele improvisierte Abwandlungen gibt.

Wie so oft schwören manche auf Senf statt Meerrettich, manche geben statt Milch Sahne zu, oft wird der Kartoffelbrei nicht gesalzen, da der Fisch schon salzig genug scheint.

Die Eier hingegen sind stets dabei und auch die Fischbrühe wird so gut wie nie ersetzt.

Cabbie Claw

Für acht strahlende Gesichter

Vorbereitung ca. 30 min   *Zubereitung ca. 45min*

Folgende zutaten werden benötigt

800g Kabeljau Filet, jung   800g Kartoffelbrei, gesalzen

2 Esslöffel Meerrettich   *1 Esslöffel Bowmore Mariner*

4 Eier, hartgekocht   1 Esslöffel Petersilie

1 Teelöffel Dill   Salz, Pfeffer

30g Vollkornmehl   400ml Milch

30g Butter   500ml Fisch-Brühe

Die Vorgehensweise ist nicht ganz einfach.

Backofen auf 220C vorheizen.

Backblech mit Backpapier auslegen.

Zuerst den Meerrettich raspeln und die Petersilie hacken.

Dann die Kabeljau-Filets, Salz, Meerrettich und Petersilie in einem Topf in ca. 750ml Wasser ca. 5-10min ankochen.

Fisch entnehmen und Flüssigkeit aufbewahren.

Aus dem Kartoffelbrei einen Ring auf dem Backblech formen.

In der Mitte muss genügend Platz für die Kabeljau-Filets sein.

Die Butter in einer Pfanne schmelzen, Mehl und Bowmore Mariner zufügen und gut verrühren. Braten, bis das Mehl einbräunt.

Langsam die Milch hinzufügen und auf kleiner Hitze eindicken.

Dann die Fischbrühe zugeben und zu einer cremigen Sauce verarbeiten.

Mit Salz und Pfeffer abschmecken und über den Fisch in der Mitte des Ringes geben.

Im Ofen ca. 10 -15min erhitzen.

Vor dem Servieren mit Petersilie, Dill und Ei dekorieren.

26.

Herring in Oatmeal-Dress   Heringe im Haferhemd

Sommer-Eilgericht

Im Sommer ist Eile geboten bei uns. Kaum lacht uns die Sonne zu, schon ziehen Wolken herauf und wir werden kräftig durchgewaschen. Wenn es also so etwas wie ein Fischgericht für die sommerlicheren Abende auf Islay gibt, dann den bescheiden anmutenden Hering im Haferhemd.

Vielleicht liegt es daran, dass wir den Hering so zubereitet in nicht einmal einer halben Stunde auf dem Teller haben – oft ist das auch alle Zeit, die uns bleibt, um den Sommer am einen oder anderen Tag zu genießen. Denn der Regen lässt bei uns auf den westlichen Inseln nie sehr lange auf sich warten.

Erst die Kombination aus Zitrone und Senf lässt das Aroma des Herings vollends zur Geltung kommen und vor uns tut sich ein kleines Geschmackswunder auf. Dadurch hat es das viel geliebte Gericht schon bis auf den Speiseplan des Königshauses gebracht.

Herring in Oatmeal-Dress

Für acht Freunde der See

Vorbereitung ca. 20min   *Zubereitung ca. 10min*

Mit diesen Dingen wird's einwandfrei

10-15 Esslöffel Hafer-Mehl, fein   16 Heringsfilets, geputzt

Sonnenblumen-Öl   *20ml Caol Ila Moch*

2 Esslöffel Zitronensaft   1 Teelöffel grober Senf

Pfefferkörner

Und so machen wir das:

Die Heringsfilets unter kaltem Wasser gründlich waschen und mit einer Küchenrolle abtrocknen.

Das Hafermehl auf einer Arbeitsfläche verteilen.

Auf einem großen Teller den Senf und den *Caol Isla Moch* vermengen.

Die Filets mit der Whisky-Senf-Paste bestreichen und im Hafermehl wenden um sie gründlich zu panieren.

Öl und Zitronensaft in einer Tasse vermischen und in einer Bratpfanne erhitzen.

Darin den Fisch beidseitig anbraten. Stets nach ca. 2 Minuten wenden bis der Hering auf beiden Seiten braun wird.

Mit Pfeffer nachwürzen.

27.

Haddock on Toast   Schellfischbissen

Liegt auf der Hand

Das Wetter ändert sich bei uns oft im Viertelstundentakt. Zeit für langes Sitzen und Sinnieren bleibt uns da oft nicht. Oft muss es schnell gehen, manchmal muss es aber noch schneller gehen. An Hinsetzen, Teller und Besteck ist da gar nicht erst zu denken.

Entsprechend essen wir so manche Mahlzeit am liebsten aus der Hand, so auch diese Variante des Haddock.

Der Fisch wird raffiniert gewürzt, schnell gekocht und sorgsam entgrätet. Als Träger nehmen wir eine Scheibe Brot, Toast, wenn es denn sein muss, lieber jedoch ein Sodabrot mit viel Butter.

So genießen wir jeden Bissen.

Haddock on Toast

Für 8 Fischfreunde

Vorbereitung ca. 30 min   *Kochzeit ca. 50min*

Für den Haddock brauchen wir

700ml Vollmilch	2Teelöffel Colemans Senf Pulver
1 Prise Meerrettich	*1 Schuss Bowmore Mariner*
6-8 Lorbeerblätter	1kg/8 Stück gehäuteten Schellfisch,
200g Butter	800g Lauch, in dicken Scheiben
50g Vollkornmehl	200ml Sahne
8 Scheiben Brot	250g Cheddar, jung, gerieben
Salz, Pfeffer	

So kriegen wir's gebacken...

Den Ofen auf 220C vorheizen.

In einem großen Topf Milch, Senfpulver, Meerrettich, Bowmore und Lorbeerblätter geben und zum Kochen bringen.

Den Fisch in den Topf senken, abdecken und knapp zehn Minuten kochen.

Den Schellfisch entnehmen und auf einem Backblech abkühlen lassen.

Mit der Hand den Fisch aus der Haut brechen und dabei die Gräten entfernen.

Die Milchbrühe aus dem Topf in eine Schüssel abseien.

Die Butter in einem Topf anschmelzen und das Lauch zugeben. Gut verrühren und sanft anbräunen.

Dann das Mehl und 150ml der Milchbrühe zusammen mit der Sahne einrühren.

Unterständigem Rühren aufkochen und langsam eindicken.

Mit Salz und Pfeffer abschmecken und die Fischstücke einrühren.

Das Brot im Ofen ankrusten und mit Butter bestreichen.

Die Fischmixtur auf den Toast streichen und mit dem Cheddar großzügig bestreuen.

Dann erneut 3-4 min im Ofen backen bis der Käse anzubräunen beginnt.

28.

Smoked Haddock and Barley

Geräucherter Schellfisch mit Gerste

Kochen ohne Uhr

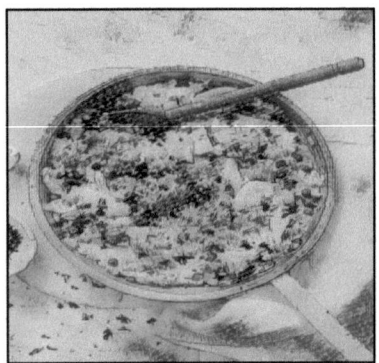

Auch so ein großartiges Gericht aus alten Tagen. Damals, in den Tagen noch vor dem Kühlschrank, wurde im Westen Schottlands wie überall anderswo auch der Fang getrocknet oder geräuchert, um zumindest eine etwas längere Haltbarkeit zu erreichen.

Das geht natürlich nicht nach der Uhr und ist auch zuhause nicht ganz einfach zu bewerkstelligen, daher greifen wir auf bereits geräucherten Fisch zurück.

Trotz dieser Abkürzung gilt: Wie vieles auf Islay braucht auch unser Haddock mit Gerste seine Zeit, aber die haben wir gerade an langen Wintertagen im Überfluss.

Smoked Haddock and Creamed Barley

Prima für 8 große Leute

Einweichen ca. 4 Stunden, Vorbereitung ca. 20min, Kochzeit ca. 45min

Ich schlage folgende Zutaten vor

8 Schellfisch-Filets, geräuchert	400g getrocknete Gerste
2 Esslöffel Sonnenblumen-Öl	2 Zwiebeln, gehackt
2 Knoblauchzehen, gehackt	2 Esslöffel Currypulver
20g Haselnüsse, fein gehackt	20g Eicheln, fein gehackt
Salz, Pfeffer	*50ml Bunnahabhain Stiuireadair*

Und die Zubereitung klappt locker:

Die Gerste in einem Topf mit Wasser bedecken und den *Bunnahabhain Stiuireadair* einrühren.

Mindestens 4 Stunden einweichen lassen. Die Gerste muss stets bedeckt sein und nach der Einweichung richtig weich sein. Am besten einen Bisstest machen.

Dann Flüssigkeit abseien in ein Gefäß und die Gerste mit einem Pürierstab zu Brei pürieren.

In einer großen Bratpfanne das Öl stark erhitzen und die Zwiebeln braun anbraten.

Knoblauch und Currypulver einmischen und auswärmen.

Haselnüsse und Eicheln in einem großen Topf mit 300ml Wasser geben und die Gerste einrühren. Die Mischung für 5 Minuten kochen.

Dann die Filets auf die Mischung legen und mit einem Deckel die Pfanne abdecken.

Ca. 20min kochen bis der Schellfisch vollständig durch gekocht ist.

Mit Salz und Pfeffer abschmecken.

29.

Smoked Kippers with Eggs   Geräucherte Heringe mit Rührei

Nachtmahl zum Frühstück

Die Tage bei uns beginnen meistens schon lange, bevor die Sonne aufgeht. Trotzdem ist mittags auch hier ganz im Westen am Mittag. Es kommt daher nicht selten vor, dass wir zwei oder drei Frühstückspausen einlegen. Das ist so Brauch, weil wir es brauchen.

Die Heringe mit Rührei sind dabei oft das Ganztags-Frühstück für den Westen Schottlands.

Die See und das Land finden sich dabei einmal mehr in einer Pfanne, herzhaft, aber mild genug um nachzufassen. Dazu schwarzen Tee, der schon endlos gezogen hat und auch mit Milch kaum noch an Bitterkeit verliert.

Besonders gern an all den Tagen genossen, an denen man schon früh weiß, dass es heute wieder einmal spät wird.

Smoked Kippers with Scrambled Eggs

Diesmal für vier Fischfreunde

Vorbereitung 15min,   *Kochzeit ca. 20min*

Das muss rein:

4 Filets von geräuchertem Hering	8 große Eier, verrührt
3 Esslöffel Butter	Salz, Pfeffer
150ml Vollmilch	Aluminiumfolie
Zitrone, in Schiffchen geschnitten	*10ml Bruichladdich*
	10 Jahre alt

Die Methode ist simpel!

Den Ofen auf 220C vorheizen. Den Bruichladdich 10 Jahre alt auf eine Untertasse geben.

Mit einem Pinsel jeden Hering mit dem Bruichladdich 10 Jahre alt bestreichen.

Jeden Hering zusammen mit einem Stück Butter und einer Scheibe Zitrone in Aluminiumfolie wickeln und in einer feuerfesten Form 10 Minuten anbacken.

Die Eier mit der Milch, etwas Butter etwas Salz und Pfeffer verschlagen.

Die restliche Butter in der Bratpfanne erhitzen und die Ei-Milch-Mischung zugeben. Auf kleiner Flamme unter ständigem Rühren stocken lassen.

Schmeckt am besten mit frischem Weißbrot und Butter.

30.

Salmon Candy   **Süßer Lachs**

Naschfisch

Der Salmon Candy wird mancherorts auch Kilda-Candy genannt. Damit gedenken wir des winzigen Archipels in der Mitte des Atlantiks, 64 Meilen vor den Hebriden, der westlichste Teil der Westlichsten Inseln im Westlichen Europa. Mehr Westen geht nicht.

Diese ‚Süßigkeit Salmon Candy' ist eines der vielen kleinen Gerichte, die ausschließlich auf unseren weit verstreuten Inseln ihre Berechtigung zu haben scheinen.

Es handelt sich um eine Verarbeitung von Lachs, der in langen Stunden zu Hause glasiert und dadurch zum Mitnehm-Sweetie befördert wird. Da steckt Mühe drin, und auch einiges an Liebe. Und da draußen im schlimmsten Wetter denkt man damit bei jedem Bissen an die Liebste daheim.

Salmon Candy

Reicht für eher kurze Zeit und meistens nicht sehr viele Leute

Vorbereitungs- und Kochzeit: Ewigkeiten lang, ist aber das Warten wert

Wir kaufen oder haben schon zu Hause:

1kg Lachs Filet, abgehäutet, entgrätet, in ca. 3 cm dicke Streifen geschnitten

100g-300g Salz, grobkörnig   100g-300g Rohrzucker

250ml-500ml Ahornsirup oder Zuckerrübensirup

Die nötigen Schritte:

Zuerst werden Zucker und Salz in einer Schüssel mit der Hand mit einander vermischt.

Dann den Boden eines großen Behälters mit der Mischung bedecken und den Lachs mit der Haut nach oben einbetten.

Den Lachs mit ausreichend Salz-Zucker-Mischung bedecken. Den Behälter verschließen und den Lachs 2 Stunden im Kühlschrank ziehen lassen.

Nun den Lachs aus der Mischung nehmen und die Salzkörner mit einem Pinsel abstreifen.

Auf einem Rost mit Backpapier den Lachs im Kühlschrank sechs Stunden trocknen lassen.

Inzwischen den Backofen auf ca. 150C vorheizen, und eine Abtropfschale in den Ofenboden geben.

Den Lachs mit dem Sirup bestreichen und in den Ofen geben. Nach zwei Stunden herausnehmen und getrocknete Stellen erneut bestreichen.

Nach sechs Stunden den Lachs aus dem Ofen nehmen und ein weiteres Mal dünn bestreichen.

Trocknen lassen, von Hand portionieren und in Butterbrotpapier verpacken.

Bunnahabhain

Bunnahabhain Distillery, Port Askaig, Isle of Islay, Argyll, PA46 7RP

Am Ende der Welt rechts, so die Wegbeschreibung zur Brennerei Bunnahabhain, deren Namen ,Ursprung des Wassers' bedeutet. Ihre geschützte Lage, mutterseelenallein im äußersten Norden Islays, beschert der Distillerie ein ganz eigenes untypisch mildes Flair.

James Ford, James Greenlees und William Robertson gründeten an der Mündung des Bächleins Margadale bereits 1881 eine Brennerei. Der bescheidene Ort Bruichladdich wuchs allmählich um die anfänglich sehr erfolgreiche Distillerie. Nach einer Schwächephase in den dreißiger Jahren erweiterte man 1963 sogar um einen Spirit Still. 2003 wurde die Brennerei aus drohender Schließung herausgekauft und landete schließlich im Besitz der südafrikanischen Distell Group Ltd.

Bunnahabhain verwendet Wasser der Margadalequelle, das ohne Oberflächenkontakt direkt aus der Quelle mit einer Leitung zur Distillerien gelangt. Das Malz, oft aus der Mälzerei Port Ellen, wird im Maischbottich aus Edelstahl und in sechs stattlichen Gärbottichen aus Douglasienholz verarbeitet. Bunnahabhain brennt in zwei Rohrbrandblasen mit über 35000l – übrigens die größten in Schottland – und in zwei Spirit Stills zu je 15500l. Mit dieser Aufstellung schafft Bunnahabhain es, über 2.500.000l im Jahr herzustellen.

Bunnahabhain ist ein eher untypischer Islay. Zwar finden sich in den vielen Abfüllungen stets maritime Noten und rauchige Anklänge, doch kann Bunnahabhain auf eine besondere Milde und eine erstaunliche Vielfalt verweisen.

31

Salmon Pattie   **Der Islay Burger**

Nur fast Fastfood

Natürlich hat auch das moderne Leben auf Islay und seinen Nachbarinseln Einzug gehalten. Webseiten und Digitalisierung sind kein Fremdwort mehr, das Mobiltelefon ist längst aus seinem Funkloch gekrabbelt und ein Teil des Alltags auf Islay und anderswo geworden. Die Zeiten ändern sich ganz allmählich.

Doch noch sind die großen Fastfoodketten viele Meilen weit entfernt in Inverness oder Richtung Glasgow zu finden. Ob das ein Fluch ist, oder ein Segen, hängt davon ab, wie man die Dinge betrachtet.

Der Islay-Burger ist die einheimische Antwort für alle, die bei ‚MacDonald' an den Nachbarn denken und nicht die Burgeria. Da mag sich so mancher Kulturpurist die ethnischen Federn schütteln, erlaubt ist, was gefällt.

Wohl geformte Burger, noch dazu aus frischem Lachs, sind einfach zu verlockend, um weiter auf die Ankunft der Systemgastronomie zu warten.

Salmon Pattie

Für 8 Burgeristen

Vorbereitung ca. 20min   *Kochzeit ca. 90min*

Damit wird's perfekt

800g Frischer Lachs mit Haut	ausreichend Bratöl
100g Butter	2 Stangen Sellerie, fein geschnitten
2 Zwiebeln, fein gehackt	4 rote Paprika gewürfelt
1 Teelöffel Worcester Sauce	*20ml Port Charlotte Heavily Peated*
½ Teelöffel Chilipulver medium	400g Paniermehl
200g Salatcreme	1 Esslöffel Senf, mittelscharf
8 Eier, verrührt	Salz, Pfeffer

Und das schaffen wir locker:

Den Backofen auf 220C vorheizen.

In einer Auflaufform den Lachs mit Öl bedeckt mit der Haut nach unten ablegen.

Mit Salz und Pfeffer würzen.

Den Lachs im Ofen ausreichend lange garen.

Dann den Lachs aus dem Ofen nehmen, abdecken und 'bis lauwarm' auskühlen lassen.

Nun die Butter, etwas Öl, Sellerie, Zwiebel und Paprika andünsten, bis die Zwiebeln glasig und die Paprika weich sind.

Die Hitze verringern und Worcester Sauce, Chilipulver und Salz hinzu rühren.

Nach fünf Minuten vom Herd nehmen und ebenfalls auf ‚lauwarm' abkühlen lassen.

Den Lachs in kleinen Stückchen aus der Haut brechen und dabei die Gräten rückstandslos entfernen.

Paniermehl, Eier, Senf, 20ml *Port Charlotte Heavily Peated und* Salatcreme in einer Schüssel vermengen.

Dann die Gemüsemischung hinzugeben zum zu einer teigartigen Masse mischen.

Zehn Minuten ziehen lassen.

Jetzt den Lachs hinzugeben und alles erneut gründlich mischen.

Mit Folie abdecken und 30min kaltstellen.

Daraus 16 große Kringel formen. In der Mitte ein Loch lassen.

Etwa 1 cm hoch Öl in der Pfanne erhitzen und die Lachs- Kringel in das heiße Fett lassen.

Auf beiden Seiten ca. 3-5min goldbraun anbraten.

Auf Brot oder Burger-Brötchen legen und je nach Geschmack Senf oder Ketchup in die Lachs-Kringel Mitte geben.

32.

Fish Muffins   Fischmuffins

Nur optisch ähnlich

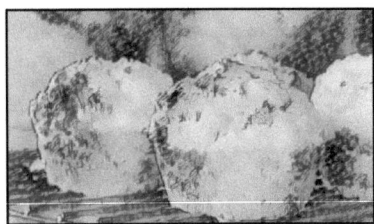

Nicht alles, was in unseren Breitengraden aus der Kuchenform kommt, muss süß sein und einen Schokoüberzug haben. Viel mehr werden bei uns auf den westlichen Inseln die Backförmchen auch für allerlei anderes Fingerfood genutzt.

Die beliebteste Form der herzhaften Muffins sind die Fish-Muffins, bei denen gerne Lachs, Kabeljau oder Heilbutt, meistens jedoch gemischter Fisch zur Verwendung kommt. Ähnlich wie beim Geburtstagsmuffin sind auch bei den Fisch-Muffins zahllose Varianten möglich.

Die Fishmuffins sind optisch gar nicht so anders als die Teigmuffins. Sie kommen meist wie ihre süße Verwandtschaft in bunten Papierförmchen mit ein paar Kräutern oder bunten Gewürzen als Dekoration. Doch der herzhafte Biss lässt die Gemeinsamkeiten schnell vergessen.

Die Fischmuffins sind daher als richtiges Mitbring-Essen, egal ob zur Housewarming-Party oder zur eigenen Grundversorgung, bestens geeignet.

Fish Muffins

Reicht für 8 leere Mägen

Vorbereitung ca. 15 min   *Zubereitung ca. 30-40min*

So machen wir Muffins:

1kg gemischter Fisch, bereits gekocht, selbst Fischstäbchen ohne Panade gehen ok.

1lg Kartoffelbrei	500ml Bechamel Sauce
2 Eier	Cheddar, reif, in Scheiben
Bratöl	Salz, Pfeffer
1-5 Schuss Laphroaig 10 Jahre alt	1 Esslöffel Löwenzahn, fein geschnitten

Man muss nicht Einstein sein…

Den Backofen auf 200C erhitzen und die Muffinform mit etwas Öl oder mit Papier-Muffinschälchen ausstatten.

Dann in einer großen Schüssel den Fisch und die Sauce vermengen.

Den Fisch mit dem Kartoffelbrei, Salz, Löwenzahn und den *Laphroaig 10 Jahre alt* gründlich verkneten, sodass nur kleine Fisch-Flocken' bleiben.

Das Ei schlagen und in die Mischung unterheben.

Mischung in eine saubere Plastiktüte geben, und eine Ecke der Tüte abschneiden.

Aus der so entstandenen Tülle die Fisch-Kartoffel-Masse herausquetschend in die Muffinschälchen füllen.

Jedes Förmchen mit einer Ecke Cheddar abschließen.

Im Ofen ca. 20 min backen bis der Cheddar goldbraun verläuft.

33.

Seafood Stew   **Meeresfrüchte-Eintopf**

Der Topf für die Runde

Die Inseln schweißen ihre Bewohner zusammen. Viele Freundschaften halten auf Islay und anderswo ganz im Westen ein Leben lang. Wir kennen uns, wir sind uns nah, und wir wissen, wie sehr wir einander brauchen.

Die Freundschaften werden auch gerne und ausgiebig gepflegt und natürlich auch begossen. Das war schon immer so, und wer wären wir, das zu ändern?

Der Meeresfrüchte-Eintopf hilft dabei ungemein. Jeder bringt ein bisschen mit, alles kommt frisch geputzt in einen Topf, dazu macht ein starker Tropfen die Runde, der Rest ergibt sich.

Das funktioniert schon seit Jahrhunderten so.

Seafood Stew

Reicht für einige gute Freunde

Zubereitung ca. 25min,   *Kochzeit ca. 35 min*

Unsere Zutaten

2x 50g Butter	1 Stange Lauch, fein geschnitten
1 Zwiebel, fein gehackt	1 Knolle Fenchel, dünn geschnitten
1 Esslöffel Currypulver	2 Tomaten, gewürfelt
½ Teelöffel Speisestärke	100g Crème Fraiche
50ml Laphroaig Double Wood	Saft einer Zitrone
Cayenne Pfeffer	Salz, Pfeffer
700ml Fischbrühe	500g frische Muscheln
200g Seeteufel, Filet, gewürfelt	200g Kabeljau, filetiert, in Streifen
200g Jakobsmuscheln	200g Miesmuscheln
16 Riesengarnelen, gepult	

Unsere Zubereitung:

In einem großen Topf 50g Butter anschmelzen und Lauch, Zwiebel und Fenchel kurz anbraten.

Curry hinzugeben und gründlich vermischen.

Bei schwacher Hitze Gemüse gut durchbraten.

Tomaten und Whisky zugeben und mit Speisestärke verrühren.

Fischbrühe eingießen und zu einer sämigen Soße verquirlen.

Kurz aufkochen.

In einem zweiten Topf die Muscheln dampfgaren. Nach ca. 3-4 Minuten sollten sich die Schalen öffnen.

Die Muscheln abgießen und der Schale entnehmen.

In einer zweiten Pfanne Butter anschmelzen und Fischstücke einheben und ca. 2 Minuten scharf anbraten.

Nach zwei Minuten die Muscheln dazugeben und immer wieder vorsichtig verrühren.

Nun in die erste Pfanne Zitrone und Creme Fraiche einsenken und verrühren.

Garnelen zugeben und 3 Minuten kochen, dann die Muscheln einheben und verrühren.

In den Servierschalen drapieren und die Schalen mit dem Prawn-Gemüse auffüllen.

Mit Salz und Pfeffer würzen und mit einer Prise Cayennepfeffer dekorieren.

34.

Real Tonn is Sgrathan   **Scottish Surf and Turf**

Land unter

Lange bevor in den Swinging Sixties ‚Surf And Turf' in den USA zum Speisekarten-Liebling wurde gab es das schon an der Küste Schottlands. Wir nennen das frei übersetzt ‚Welle und Scholle'

Gerade auf Islay ist es schon lange Gang und Gäbe, das Beste von Land und See zu mischen. Oft genug aus purer Notwendigkeit – wenn von jeweils einem Teil nicht genug für eine komplette Mahlzeit zur Verfügung steht.

Natürlich hat da fast jeder Haushalt seine eigene Rezeptur, natürlich ändert sich der Reigen der Zutaten je nach dem, was wir in Kühlschrank und Pantry, unserer Speisekammer, finden.

Doch jeder weiß, was mit ‚Tonn-Day today' gemeint ist und mit diesem Surf und Turf, und leckt sich die Lippen.

Real Tonn is Sgrathan

Reicht je nachdem was wir daheim haben, ist aber stets ausbaufähig

Vorbereitung ca. 40min   *Zubereitung ca. 25min*

Von Land und Wasser holen wir uns

1000g Meeresfrüchte	4 Esslöffel Öl oder Tran
200g Getreidekorn-Mischung	1l Fischbrühe
1 Dose Tomaten	1 kl Zwiebel, fein gehackt
4 Grillwürstchen	150g Speck
Bund Löwenzahn und Salbei, gehackt	1 Bund Bärlauch, gehackt

2 Esslöffel Bowmore Mariner

So gehen wir vor

Getreidemischung in der Fischbrühe ca. 40min weichkochen.

In einer großen Pfanne das Öl erhitzen und zunächst die Grillwürstchen und den Speck anbraten.

Nach ca. 3-5 Minuten die Meeresfrüchte mit der Zwiebel dazugeben. Dabei immer wieder gut verrühren, damit die Meeresfrüchte nicht anhängen.

Whisky und Tomaten zugeben und alles grob verrühren. 5 Minuten unter ständigem Rühren kochen.

Getreide einrühren und Bärlauch, Löwenzahn und Salbei untermengen.

Ca. 2 Min weiterkochen und heiß servieren.

IV   Main Courses

35.

Whisky Glazed Parsnips   Pastinaken im Whiskymantel

Ungemeine Rüben

Es muss nicht immer ein Fünf-Gänge-Menü sein; manchmal reichen uns etwas Brot und Butter und dazu ein wenig Gemüse und ein Griff in die Trickkiste.

Denn, das wissen wir hier auf den Schottischen Inseln vielleicht besser als so viele andere, selbst das gewöhnlichste Gemüse blüht unter der Herrschaft von König Uisgea zum kleinen Erlebnis auf – und lässt sich auch ganz ohne großes Beiwerk genießen.

Damit hat es die gemeine Steckrübe in unser National-Gericht geschafft – mit Haggis, den wir nur im Wasserbad erhitzen, dann aber in Whisky ertränken und Kartoffelbrei werden die Whisky Glazed Parsnips gleichzeitig auf den Löffelgelöffelt – das ist die schottische Geschmackstriangel.

Whisky Glazed Parsnips

Reicht für ein hungriges Quartett

Vorbereitungszeit 10 min   *Kochzeit 45min*

Man nehme…

3 Esslöffel Butter   *150ml Bowmore 9 Jahre*
                                              alt Sherry Cask

75g Rohrzucker   1kg Karotten, in
                                              mitteldicken Halbmonden

500g Pastinaken, in mitteldicken Halbmonden
                                              Salz, Pfeffer

Und bereite….

Den Ofen auf 225C vorheizen.

In einer herdtauglichen Backschale mit Deckel die Butter schmelzen und mit dem Bowmore 9 Jahre alt Sherry Cask und dem Zucker verrühren.

Pastinaken und Karotten zugeben und in der Flüssigkeit wenden. Mit Salz und Pfeffer würzen.

Zudecken und auf dem Herd kochen, bis das Gemüse zart ist.

Wenn notwendig, Whisky und geschmolzene Butter zugeben.

Nun den Deckel abnehmen und offene Form im Ofen weiterbacken, bis nach kurzer Zeit eine dicke Glasur entsteht.

36.

All Year Turkey   Passt Immer –Truthahn

Truthahn für immer

Truthahn war Langezeit ein reines Weihnachtsgericht. Der König des Federviehs war stets der krönende Jahresabschluss.

Säkularisierung sei Dank, moderne Zuchtmethoden ebenso - inzwischen aber kommt er nicht mehr alle heiligen Zeiten einmal auf den Tisch. Vielmehr ist der Turkey immer wieder für ein Festessen auch unter dem Jahr gut. Gerade wenn der Geburtstag weit vom Weihnachten weg liegt, ist ein Truthahn ein willkommener Festschmaus.

Entsprechend viele Varianten der traditionellen Rezepte gibt es – hier ein typisches, das ganzjährig schmeckt.

All Year Turkey

Reicht für 6-10

Vorbereitungszeit – ca. 1 Tag, ab und an,   Zubereitung ca. 3-4 Stunden

Das wird benötigt:

3,5-4,5kg Truthahn	12 Pflaumen
100ml any Whisky	2 Tassen Schwarztee, stark
1 Zwiebel, fein gehackt	500g Schweinehack
1 Ei	12 Walnüsse, ohne Schale
6 Esskastanien, gehackt	150ml Heidehonig
Ein naturbelassenes Leinentuch	Salz, Pfeffer
Thymian	

Am besten geht's so:

Tags zuvor den Truthahn mit Whisky innen wie außen großzügig wässern und 'abwaschen'. Abdecken und über Nach gekühlt stehen lassen.

Die Pflaumen in ein Glasgefäß mit Schraubdeckel geben und Whisky sowie zwei Tassen starken, schwarzen Tee aufgießen. Zuschrauben und ebenfalls über Nacht ziehen lassen. So lassen sich die Kerne leichter auslösen.

Am nächsten Tag zuerst den Ofen auf 170C vorheizen.

Zuerst in einer Schüssel die Zwiebeln, das Schweinehack, die Kastanien und das Ei vermengen. Mit Salz, Pfeffer und Thymian abschmecken.

Die Pflaumen entkernen und mit einer Walnusshälfte (ohne Schale!) füllen.

Die Pflaumen in Honig tauchen und in die Mischung geben.

Den Truthahn mit dieser Mischung befallen und die Beine zusammenbinden.

Nun ein Leinentuch mit Whisky satt tränken, und den Truthahn auf das Leinentuch legen.

Noch einmal etwa 50ml Whisky über den Truthahn gießen.

Dann das Tuch oben zubinden.

Den Truthahn auf ein Backblech geben und ca. 2-3 Stunden bei mäßiger Hitze rösten.

Das Tuch öffnen und den verbliebenen Honig über den Truthahn gießen.

Noch ca. 30min weiter rösten.

Die abgetropfte Flüssigkeit des Truthahns wird gerne für die Soße verwendet

37.

Bubble and Squeak   Blubber und Quietsch

So fertig wie wir

Manche Leute behaupten, den Truthahn gab es am Vortag nur, damit tags darauf Bubble und Squeak auf dem Speiseplan steht. Da könnte durchaus etwas dran sein.

Das Gericht ‚Bubble And Squeak' ist überall auf den westlichen Inseln längst der Ecke des Resteverbrauchs entkommen. Es erfreut sich landauf, landab größter Beliebtheit.

Das liegt auch an seiner Vielseitigkeit, sowohl was die einzelnen Gewichtsanteile als auch was die Zutaten an sich anbelangt. Natürlich ist die Grundidee immer ähnlich, doch Bubble and Squeak werden je nach dem, was gerade so übrig ist, immer neu zusammengemischt.

Es könnte jedoch auch daran liegen, dass man es am Morgen danach mit schwerem Kopf mühelos hinbekommt und Fett und Salz dem Kater Paroli bieten.

Bubble and Squeak

Reicht je nach Lage für 6-10 Leute

Vorbereitungszeit ca. 10min,   *Kochzeit ca. 25min*

Die Zutaten

300g Kartoffeln, bereits gestampft	300g Kartoffeln, braun vorgebraten
300g Weißkohl, gekocht, kleingeschnitten	300g Rosenkohl,
Salz, Pfeffer, Currypulver	vorgekocht, geschnitten.
Ca. 60g Butter	200g Truthahnbrust
20ml Big Peat Whisky	vorgebacken, gewürfelt

Die Zubereitung

In einer großen Pfanne die Hälfte der Butter schmelzen.

Darin Kohl, Kartoffelbrei und Rosenkohl mit einander vermischen.

Mit Salz und Pfeffer sowie Curry würzen.

Die Mischung mit einem Küchenwender flach streichen.

Knapp 10min anbraten bis die Mischung Blasen schlägt und quietschend Luft entweicht – It must Bubble and Squeak!

Die gebackene, fladenartige Mischung auf einen großen Teller stürzen und die nun leere Pfanne neu einfetten.

Erhitzen und ein paar Spritzer *Big Peat Whisky* dazugeben.

Dann den Fladen vorsichtig mit der ungebackenen Seite nach unten in die Pfanne zurückgeben.

So lange weiterbacken, bis auch diese Seite goldbraun angebraten ist und Luft quietschend entweicht.

Test: Bubble und Squeak ist fertig, wenn man ,anklopfen' kann.

Den so langsam verhärtenden Fladen mit einem Teigwender in kleine Kuchendreiecke aufteilen und servieren.

38.

Drunken Toad in a Hole with Mud

‚Besoffene Kröte im Loch' mit brauner Soße

Der Weg ist das Ziel

Ein kleines Fest unter der Woche, feiern, dass gerade einmal nichts schief geht, einfach so weil sonst nichts ist – die Beschreibung passt bestens auf unsere legendäre Kröte im Loch. Denn die Zutatenliste liest sich wie ein Best Of der schottischen Speisekammern.

Da kommen Würstel und Teig, Backofen und Gemüse zusammen, da breitet sich vor allen ein großes Backblech voller Geschmack und Genuss aus, da duftet die Küche schon lange bevor das Essen auf dem Tisch steht.

Bereits bei der Zubereitung geht es hoch her, da wird bereits angestoßen und auch die Wartezeit während des Backens lässt sich mit einem Glas ganz einfach wegtrinken.

Der Toad in a Hole bringt die Leute zusammen, lädt zum Plaudern ein, zum Sitzen bleiben und genießen.

Drunken Toad in a Hole with Mud

Reicht für 4-8 Mit-Esser

Vorbereitungszeit ca. 20min   *Kochzeit ca. 30min*

Ich schlage folgende Zutaten vor:

Sonnenblumenöl	8 große Bratwürste
8 kleine Zweige Rosmarin	1 große Zwiebel, gewürfelt
250g grüne Bohnen	1 Esslöffel Apfelessig
2 Knoblauchzehen, fein gehackt	20g Butter
4 Esslöffel Ardbeg Very Young	1 Brühwürfel
300ml Milch	120g Vollkornmehl
3 große Eier	Salz

Diese Art der Zubereitung wäre typisch:

Ofen auf 240-250C vorheizen. (Höchste Stufe!)

Zuerst in einer Rührschüssel Milch, Mehl, Eier, Ardbeg Very Young und Salz ausgiebig zu einem dünnen Teig verrühren. Falls nötig etwas Milch zugeben. Abdecken und ruhen lassen.

Den Boden von einem Backblech mit Sonnenblumenöl bedecken und am mittleren Halter in den Backofen geben.

Sobald das Backblech richtig heiß ist, die Würstel darin verteilen und im Ofen anbräunen.

Nun das Backblech entnehmen, die Teigmischung über die Würstel gießen und ein Stöckchen Rosemarin zu jeder Wurst geben.

Dann das Backblech zurück in den Ofen geben und die Mischung knappe20min ungestört backen lassen.

Inzwischen die Zwiebeln und den Knoblauch mit der Butter in einer Bratpfanne anschwitzen.

Den Apfelessig zugeben und auf kleiner Flamme die Flüssigkeit um die Hälfte reduzieren.

Suppenwürfel und ca. 150ml Wasser zugeben und auf kleiner Flamme köcheln lassen.

Sobald beides fertig ist, den Drunken Toad auf Tellern verteilen und die dunkle Soße um den Toad kreisen.

Statt Würstchen können auch Garnelen verwendet werden. Dann den Teig dünner aufgießen und statt brauner Soße etwas Zitronensaft zugeben.

39.

Macca Cheese ——————————————————— **Nudel-Käse-Auflauf**

Die vielseitige Macca

Es gibt wenige schottische Gerichte, die bei Jung und Alt gleichermaßen Kultstatus haben. Wenige, bei denen sowohl die noch nicht ganz mit Zähnen und die nicht mehr mit alle Zähnen freudig vereint zugreifen.

Mc Cheese oder auch Macca, wie man im Westen sagt, ist so eine Mahlzeit.

Die Nudeln in Käsesoße sind sogar so beliebt, dass sie von verschiedenen Herstellern als Fertiggericht in der Konserve angeboten werden! Wir bevorzugen unsere Mc Cheese selbstgekocht, vor allem, weil der Käse zu wichtig ist, um eine Allerweltsvariante zu nehmen.

Es gibt von unseren Maccas ziemlich viele Abwandlungen, `mal um etwas Schärfe, ´mal um ein paar Gewürze oder Zutaten bereichert. Daher habe ich hier eine zweite Variante aufgenommen. Sie schmeckt einfach zu gut!

Macca Cheese

Für -6 Personen ausreichend

Vorbereitung ca. 5-10 Min   *Kochzeit ca. 30min*

Das gehört zum Macca-Rezept

300g Cheddar Extrastark, gehobelt   500g Makkaroni

150 g Bacon-Speck, gewürfelt   100ml Milch

½ Teelöffel Salz oder ½ Teelöffel Meerwasser

Pfeffer   1Teelöffel Gemüsebrühe

So wird's legendär gut:

Ofen auf 200C vorheizen.

1,5l-2l Wasser zum Kochen bringen. Die Gemüsebrühe einrühren und darin die Makkaroni ca. 10 min garkochen.

Dann die Milch in einem großen Kochtopf vorsichtig erhitzen. Butter darin anschmelzen und das Mehl durch ein Sieb einrühren.

Zwei Minuten unter ständigem Rühren bei schwacher Hitze weiterkochen bis die Mischung andickt.

Das Salz bzw. Meerwasser langsam mit einrühren, dann den Käse bis auf einen Rest von 50g unterheben.

Zu guter Letzt die weichgekochten Makkaroni einrühren und die Mischung mit Pfeffer abschmecken.

Die Mischung in eine ausreichend große Auflaufform geben und mit dem noch verbliebenen Cheddar bestreuen.

Ca. 20-30min backen, bis der Käse anfängt zu bräunen. Vor dem Servieren umstürzen, so dass die Makkaroni im Käse auf der Kruste ruhen.

Die Macca-Variante von Tante Mairi:

Maccaballs   **Käsenudelbällchen**

Mairi's Zutaten

500g Makkaroni Cheese, selbstgefertigt oder gekauft

200ml Distelöl   2 große Eier, verschlagen, in einer Schüssel

150g Semmelbrösel   2 Esslöffel Schnittlauch, klein gehackt

1 Esslöffel Mayonnaise   1 Schuss Kilchoman Machir Bay

Tante Mairi's Kochanweisungen:

Die Makkaroni Cheese in einer Porzellan- oder Metallschüssel im Kühlschrank ca. 4 Stunden fest werden lassen.

Distelöl in einem großen Topf erhitzen.

Makkaroni Cheese mit einem Kleinsieb oder Eiskremlöffel zu in etwa 12-15 kleinen Bällen formen.

Die Bällchen nacheinander in Ei und danach in Semmelbrösel wenden.

Die Makkaroni Cheese Bällchen nun im heißen Fett goldbraun für ca. 3-4 min ausbacken.

Auf einem Papiertuch abtropfen.

Mayonnaise und Whisky auf einem Teller verrühren.

Bällchen in die Whisky Mayonnaise dippen und mit Schnittlauch bestreuen.

Caol Ila

Caol Ila, Port Askaig, Isle of Islay, Argyll, PA46 7RL

Die Destillerie Caol Ila hat den immensen Vorteil, kaum 500m von Islays Hafen Port Askaig entfernt zu liegen, und somit beste Verbindungen zum Festland zu haben. Hector Henderson gründete sie im Jahr 1846 in einer geschützten Bucht am Islay Sund. Caol Ila's Geschichte ist von vielen Besitzerwechseln und Unterbrechungen geprägt. Das wurde kaum wahrgenommen, denn die Whiskies von Caol Ila wurden lange Zeit ausschließlich als wichtiger Bestandteil großer Blends verwendet. Erst in den Achtziger Jahren begann eine vorsichtige Wende zur Einzelabfüllung.

Anfang der 70er Jahre nämlich wurde die Anzahl der Brennblasen auf sechs Stück erhöht.

Auch Caol Ila verfügt über eine eigene Quelle des Loch Nam Ban, und das Malz stammt ebenfalls aus den Port Ellen Maltings. Es hat einen hohen Anteil von circa 35 ppm Phenol. Die Brennerei verarbeitet das Quellwasser und die Maische in einem 11000Tonnen Maischbottich aus Edelstahl. Erstaunliche zehn Gärbottiche aus Lärchenholz zu je über 60.000l, sowie drei Wash Stills und drei Spirit Stills mit annährend 100.000l Kapazität sogen für eine Brennmenge von über 6.000.000l Alkohol pro Jahr.

Caol Ila's großer Ausstoß wird sowohl in den eigenen Lagerhäusern als auch in den ehemaligen Lagerhäusern der Lochindaal-Brennerei in der Nähe von Port Charlotte gelagert. Nachwievor geht der größte Teil der Produktion in die Herstellung von Blended Whisky, doch Caol Ila selbst bietet inzwischen auch eine ganze Reihe eigener Abfüllungen an. Hier sind besonders die seltenen Sherry-Fass Lagerungen zu erwähnen, die noch komplexere Geschmackserlebnisse als die in Bourbon-Fässern gelagerten Abfüllungen vorweisen.

was die wenigen Sherry-Fass Abfüllungen (meist von unabhängigen Abfüllern) zu begehrten Raritäten macht.

40.

Our Spagbol   Schottische Spaghetti Bolognese

Nur entfernt verwandt

Der andere schottische Pasta-Klassiker. Diese ur-schottischen, ja sogar ur-Westküste Spagbol mit ihren italienischen Urahnen ‚Spaghetti ala Bolognese' gleichzusetzen täte beiden Unrecht. Denn so weit wie Schottland von Sizilien, so weit sind auch unsere Spagbol von den italienischen Spaghetti á la Bolognese entfern. Das sind Welten!

Die Variante der schottischen Westcoast ist, wie eigentlich alles hier, sich selbst genug. Unsere Spagbol sind eigenständig und selbstbewusst, was auch an den heimischen Zutaten liegt. Honig und Löwenzahn finden sich sicher selten in der italienischen Variante.

Auch bei den Spagbol gilt wieder, dass es zum Grundrezept zahlreiche Varianten gibt, die allesamt ihre Berechtigung in vielen Jahren glücklicher Mägen erworben haben.

Our Spagbol

Reicht für 8 große Hunger

Vorbereitung ca. 15min   Kochzeit ca. 50-60 min

Daraus besteht unsere Spagbol

500g Spaghetti

1 Esslöffel Distelöl	8 Streifen Frühstückspeck
2 Zwiebeln, fein gehackt	3 Knoblauchzehen, fein geschnitten
1 Staude Sellerie, gehackt	600g Rinderhack
2 Karotten, klein gewürfelt	½ Zucchini, gewürfelt
280g Baked Beanz	Rosmarin, Thymian
1 Teelöffel Honig	Oregano
800g Tomaten, stückig	Löwenzahn, frisch
2 Lorbeerblätter	1 Teelöffel Rinderbrühe-Pulver
2 Esslöffel Tomatenpüree	*100ml Islay Rose Wine oder 20ml Ardbeg Corryvreckan*
8 Tomaten, geviertelt	100g Parmesan, gehobelt

Und so wird gekocht:

In einer großen Bratpfanne einen Esslöffel Distelöl erhitzen.

Den Frühstückspeck darin 10min ausbraten.

Bei nun mittlerer Hitze Karottenwürfel, Zwiebelstücken, Zucchini, Sellerie-Ringe, Knoblauch und Rosmarin verrühren, bis sie zu bräunen beginnen.

Jetzt das Hackfleisch zugeben und ca. 4-7min vollständig bräunen.

Die Tomatenstücke, den Löwenzahn, Oregano und die Tomatenachtel unter das Hackfleisch rühren.

In einem Becher im *Islay Rose Wine* oder im Ardbeg Corryvreckan den Brühwürfel auflösen und unterziehen.

Die Baked Beanz einrühren.

Zuletzt die Lorbeerblätter zugeben.

Die Mischung harsch aufkochen, abdecken und auf kleiner Flamme weiterköcheln lassen.

Immer wieder umrühren, damit nichts anhängt.

Den Honig sachte unterrühren und vollständig auflösen.

Falls notwendig, immer wieder teelöffelweise Wasser zugeben.

Rund 45min kochen lassen.

Die Pasta nach Packungshinweis kochen und mit der -Bol verrühren.

41.

Deepfried Haggis Balls   Frittierte Haggis-Bällchen

Ohne Darm frittiert

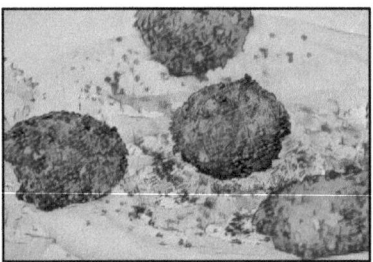

Kaum zu glauben – in manchen Souvenirläden in Schottland werden Haggis-Pfeifen angeboten, die den arglosen Haggis anlocken sollen. Und nicht nur das, die Dinger werden auch noch gekauft.

Doch abgesehen von solchen Auswüchsen pflegt der Haggis ein solides Dasein als häufiger Gast auf unseren Tellern. An der Westküste gehört Haggis nämlich zum Speiseplan wie Würstel oder Truthahn. Meist wird der Haggis im eigenen Darm im Wasserbad erhitzt, selten haben wir ihn in der Pfanne, doch Haggis wurde auch schon als Pizzabelag angeboten.

Das schottische Nationalgericht wird aber auch gerne in seriösen Abwandlungen verwendet. Dieses Rezept der Haggis Balls trägt einer weiteren Leidenschaft der Islands und Highlands Rechenschaft, dem Frittieren.

Deepfried Haggis Balls

Reicht für 8 von uns.

Vorbereitungszeit ca. 25min   Kochzeit ca. 45min

Für die Haggis Balls brauchen wir

600g Haggis	100g hartgewordenes Brot, mit dem Reibeisen fein gebröselt
1 Esslöffel Paprikapulver	2 große Eier, verrührt
100g Semmelbrösel	8 Esslöffel Mayonnaise
3 Esslöffel körniger Senf	*3 Esslöffel Bowmore Gold Reef*
Frittieröl	

Und so bereiten wir sie zu:

Den Backofen auf 160C aufwärmen.

Den Haggis aus der Hülle nehmen und auf einer sauberen Auflage in 30 Kugeln formen.

In einer Schüssel das geschlagene Ei, in einer zweiten die feinen Brot-Brösel und das Paprikapulver und in einer dritten Schüssel die groben Semmelbrösel platzieren.

Die Haggis-Kugeln zunächst im Ei wenden, dann in der Schüssel mit den feinen Bröseln sachte rollen und einmal in der Schüssel mit den groben Bröseln etwas fester wälzen.

Die Kugeln sollten nun vollständig mit Bröseln bedeckt sein.

Nun die Haggis-Balls auf der Auflage ca. 10min nachkühlen.

Inzwischen die Mayonnaise, den *Bowmore Gold Reef* und den Senf in einem Behälter durch Schüttelei vermischen.

Hierzu eignet sich am besten ein frisch ausgespültes Glas mit Schraubdeckel.

Zuschrauben und kräftig schütteln. Ist echt nicht schwer.

In einem Frittierbehälter das Frittieröl auf ca. 180C erhitzen.

Es sollte so viel Öl darin sein, dass ein zugegebenes Bällchen vollständig vom Öl bedeckt ist.

Je nach Fassungsvermögen der Fritteuse und Größe der Haggiskugeln so viele Haggiskugeln in das heiße Öl einsenken wie vollständig in einem Frittier-Gang bedeckt sind.

Ca. 3min goldbraun ausbacken. Mit einem Abtropflöffel entnehmen und mit Küchenpapier das Frittierfett grob abtrocknen.

Im Backofen warmhalten bis alle Haggis-Kugeln fertig sind.

42.

Soda Bread   Soda-Brot

Unverbesserlich

Viele Dinge und auch viele Rezepte ändern sich nicht nur mit der Veränderung und Verbesserung der Zutaten, sondern auch mit dem Wandel unseres Geschmacks.

Manche erfahren über die Jahre hinweg Verbesserungen durch findige Tüftler.

Das Sodabrot nicht.

Es ist uns hier an der Westküste seit vielen Jahrzehnten einfach so wie es ist gut genug. Es kommt stetig zum Einsatz, stemmt sich für uns gegen Hunger, Appetit und Heißhunger, füllt, saugt auf, gleicht aus und klärt die schwummrige Lage ohne zu murren, oder ein Dankeschön zu erwarten. Es lässt sich alles auflegen, und es schließt geschmacklich nichts und niemanden aus.

Das ist Perfektion in Vollendung.

Soda Bread

Genug für vier Esser

Vorbereitungszeit ca. 15min   *Backzeit ca. 1h*

Einfache Zutaten:

4 Cups Weizenmehl für Brot	4 Esslöffel Zucker
1 Teelöffel Back-Soda	1 Esslöffel Backpulver
½ Teelöffel Meerwasser oder Salz	½ Cup Margarine, Zimmertemperatur
1 Cup Buttermilch	1 Ei
¼ Cup Butter, geschmolzen	

Einfache Zubereitung

Den Ofen auf ca. 180C vorheizen.

Ein Backblech mit Backpapier auslegen oder einfetten und mit Mehl bestauben.

In einer Rührschüssel Mehl, Zucker, Margarine, Salzwasser, Soda und Backpulver ausgiebig vermischen.

Ein Cup Buttermilch und ein Ei einrühren bis ein lockerer Teig entsteht.

Auch die Arbeitsfläche mit Mehl bestauben.

Teig aus der Schüssel nehmen und auf der Arbeitsfläche luftig kneten.

Dann den Teig zu einem Laib formen und auf dem vorbereiteten Backblech mittig platzieren.

Nun die geschmolzene Butter mit einem 1/4 Cup Buttermilch mischen und damit den Laib einstreichen.

Den Laib oben mit einem diagonalen Kreuz einschneiden, um die Hitzezufuhr beim Backen zu erleichtern.

Der Laib wird im Ofen gebacken, bis ein eingeschobener Strohhalm ohne Teigrückstände daran herausgezogen werden kann.

Dies kann je nach Ofen und Teig zwischen 30 und 50min dauern, es macht also Sinn, bereits nach 30min die erste Strohhalm-Probe vorzunehmen.

Währenddessen kann der Laib ab und zu mit verbliebener Butter-Milch-Mischung bestrichen werden.

43.

Islay Oatcakes   Islay Haferplätzchen

Bei akutem Hunger einzunehmen

Wie vieles andere, das satt machen muss und möglichst lange vorhalten soll, so findet sich auch der Islay Oatcake sehr oft in unseren Jackentaschen. Oder zumindest ein paar seiner Brösel, denn den Oatcake selber lassen wir nicht verkommen.

Es dürfte also niemanden wundern - auch die Plätzchen dürfen auf Islay etwas gehaltvoller sein. Schließlich sollen sie einige Zeit vorhalten, wenn man sie hungrig aus der Tasche der Wachsjacke zieht.

Auf den westlichen Inseln gilt: Da, wo andere einen Snack haben, füllt unser Oatcake die solideren Löcher im Magen. Und wer einmal mit krachendem Magen doch noch voller Freude einen älteren Oatcake vorfand wird bestätigen – bei richtigem Hunger schmecken die auch noch, wenn sie statt mürbe schon etwas elastisch sind.

Islay Oatcakes

Ergibt 8 Stück

Vorbereitungszeit ca. 30min   *Zubereitungszeit ca. 30min*

Zutaten

200g mittelgrobes Hafermehl, sowie etwas für das Nachstäuben

50g Haferflocken, grob   25g Haferflocken, zart

1 Prise Salz   1 Prise brauner Zucker

75g Butter, klein gewürfelt   75ml kochendes Wasser

10ml Lagavulin 8 Jahre alt

Zubereitung:

Den Backofen auf 180C vorheizen.

Die Haferflocken in einem Becher mit dem *Lagavulin 8 Jahre alt* und etwas Wasser vermischen und einziehen lassen.

Die Haferflocken und das Hafermehl gründlich vermischen und auf einem vorgefetteten Backblech ausbreiten.

Etwa eine viertel Stunde backen und immer wieder schütteln um die Flocken allseitig zu toasten. Der Hafer ist fertig, wenn er nach Toast zu duften beginnt.

Die Hafermischung in eine Schüssel schütten und etwas abkühlen lassen, dann Zucker und Salz unterrühren.

Die Butter in einem Topf in einem kochenden Wasserbad verrühren bis sie vollständig geschmolzen ist, dann mit den Haferflocken zu einer feuchten, klebrigen Mischung verrühren.

Das Backblech mit Backpapier bedecken.

Das mittelgrobe Hafermehl auf einer Arbeitsfläche ausbreiten und die klebrige Mischung einarbeiten.

Nun diesen Teig mit einer Backrolle oder einen leeren Flasche zu etwa einem halben Zentimeter stärke ausrollen.

Mit einer Trinkglasrandseite Kreise ausstechen und auf dem Backblech anordnen.

Alle Haferteig-Überstände sammeln und zu neuer Ausstechfläche rollen bis die gesamte Hafermischung aufgebraucht ist.

Gut 15 Minuten backen, dann vorsichtig wenden und weitere 15 Minuten backen bis sich die Cookies auf beiden Seiten hart und trocken anfühlen.

Die fertigen Haferkekse auf einem Küchenrost auskühlen lassen.

Kilchoman

Kilchoman, Rockside Farm, Bruichladdich, Isle of Islay, Argyll, PA49 7UT

Von der Kreuzung am Lochindaal sind es noch zwölf Meilen über eine einspurige Schotterpiste ins Nirgendwo, bis man bei Kilchoman ankommt.

Die bislang jüngste Distillerie Islays ist auch die einzige, die nicht direkt am Meer liegt. Sie wurde erst 2005 von Anthony Wills gegründet – die erste Neugründung auf Islay seit über 100 Jahren.

Kilchoman rühmt sich, Islays einzige Farmhouse-Brennerei zu sein, die völlig unabhängig von Zulieferern ist. Tatsächlich gelingt es Kilchoman, die Zutaten aus unmittelbarer Nähe zu beziehen. Das Wasser für den Kilchoman Whisky stammt aus dem nahegelegenen Bächlein Allt Gleann Osamail, und nimmt auf dem kurzen Weg zur Machir Bay viel Torfigkeit auf. Für die Standard-Abfüllungen setzt man auf extrem torfige Gerste, die in Port Ellen auch für Ardbeg produziert wird. Zudem wird bei Kilchoman selbst gemälzt, und zur Abfüllung ‚100% Islay' wird sogar Gerste aus eigenem Anbau verwendet.

Kilchoman setzt auf eher kleinere Gerätschaften: Der Mashtun umfasst 1,2t, jeweils nur ein Wash Still und Spirit Still erzeugen daraus eine Jahresproduktion von gerade einmal knapp über 200.000l Alkohol.

Bei den Abfüllungen ist Kilchoman besonders aktiv. Es gibt Abfüllungen zu Örtlichkeiten wie Machir Bay und Sanaig, jedoch auch Fassstärken und eine reine Islay-Serie sind im Angebot. Zukünftig sind wie bei vielen anderen Distillerien auch nach Lagerzeit sortierte Abfüllungen zu erwarten.

44.

Islay Lamb   Islay Lamm

Archaische Fusion

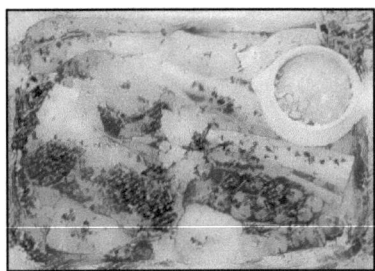

Das Festessen des Islay Lamm hat auch nach vielen Jahrhunderten etwas Besonderes, ja fast Rituelles inne.

Zum einen wird hierbei urtümlich gearbeitet, und man wird bei den Zutaten und der Zubereitung einer langen aber geradlinigen Vorgehensweise und uralter Tradition gerecht. Selbst das Fleisch ist noch völlig naturbelassen. Und auch später vor dem Essen, wenn für das Lamm noch ein Dankgebet gesprochen wird, fühlen wir oft etwas Archaisches.

Zum anderen nutzen wir wie selbstverständlich elektrische Kochgeräte, haben feine Gewürze aus allen Ecken der Welt und freuen uns, wenn Aluminiumfolie den Geschmack erhält.

Diese Art zu fusionieren macht das Lamm für uns von den westlichen Inseln unwiderstehlich.

Islay Lamb

Unser Lamm reicht für 8

Vorbereitung ca. 30min *Zubereitung/Garzeit ca. 4 Stunden*

Traditionell wird das Lamm in ein in Whisky getränktes Tuch gewickelt und in Aluminiumfolie in das Kaminfeuer gegeben. Aus Gründen, die wohl jedem ohne Kamin einleuchten, haben wir das Rezept für den Gebrauch in Wohnungen ohne offenen Kamin angepasst.

Wir brauchen dazu…

1 Lammkeule ca. 2kg	1 Bündel frisches Rosemarin
7 große Kartoffeln ca. 1,5kg geschält	1 große Zwiebel, gehackt
2 Knoblauchzehen, in Scheiben	1 Esslöffel Öl
400ml Lammbrühe	*50ml Lagavulin 16 Jahre alt*
Pfeffer	Kochtuch

Wir gehen so vor:

Ofen auf 240C erhitzen.

Ein Kochtuch in Whisky tränken.

Das Lamm mit Pfeffer würzen und auf einem Bratblech auf mittlerer Stufe 15min anbraten.

Hitze auf 160C reduzieren und das überschüssige Fett aus dem Backblech entfernen.

In einer Bratpfanne Öl erhitzen und die Zwiebel 5 min abgedeckt glasieren

Abdecken, Knoblauch und Rosemarin zugeben und weitere 5 Minuten bei mäßiger Hitze anbraten.

Kartoffeln in dünne Scheiben schneiden, in einer tiefen Bratform ausbreiten und leicht würzen.

Die Hälfte der Knoblauch-Zwiebel-Mischung über den Kartoffeln verteilen. Darauf wieder eine Schicht Kartoffel und dann wieder die Zwiebelmischung bis Kartoffeln und Zwiebeln aufgebraucht sind. Es sollten etwa 2-4 Schichten entstehen.

Die Lammbrühe aufkochen und über die Kartoffeln gießen.

Kartoffeln mit einem Holzlöffel unter die Brühe drücken.

Nun das Lamm oben drauflegen und im Ofen bei 240C eine Stunde garen.

Zuletzt den Ofen auf 160C herunter regeln.

Das Lamm vorsichtig auf einen Teller entnehmen und in das mit Whisky getränkt Tuch wickeln.

Das verpackte Lamm zurück in den Ofen geben und bei ca. 150-160C weitere 90min garen.

45.

Scone Pizza   **Tiefteig-Pizza**

Moderne Zeiten auf Islay Art.

Der Pizza, diesem ja eigentlich neapolitanischen Straßengebäck, kann man heutzutage kaum mehr entkommen, nicht einmal auf Islay. Zu simpel ist das Rezept, zu lecker das Resultat.

Doch Islay hat, wie auf so vieles, auch hier seine eigene Antwort.

Die Scone Pizza, auch ‚Gaelic Pizza‘ genannt, hat einen kräftigen, dicken Boden, der das Backwerk unglaublich sättigend macht. So ist die Scone-Pizza sowohl knusprig als auch unheimlich weich und gaumenschmeichelnd.

Der Belag unserer Scone-Pizza sei hier nur beispielhaft gegeben, denn wie bei jeder guten Pizza von Napoli bis Stornoway gilt hier als Vorgabe nur die ganz persönliche Vorliebe des Bäckers.

Scone Pizza

Reicht für vier bis sechs Personen

Vorbereitung ca. 20 min   *Backzeit ca. 15- 20min*

Scone Base Pizzaboden – die Zutaten

100g Mehl	½ Teelöffel Backpulver
25gMargarine	50mlVollmilch
Salz, Pfeffer	

Und oben drauf…Topping –Zutaten:

50ml Tomaten, passiert	¼ Zwiebel, gehackt
Karotte	Löwenzahn
25g milder Cheddar	1 Knoblauchzehe, fein gehackt
1 Schuss Worcestershire Sauce	*1 Schuss Laphroaig Select*

So wird die Scone Pizza wunderbar:

Ofen auf 200C vorheizen

Das Mehl und das Backpulver mischen und dann mit einem Löffel vorsichtig durch ein Sieb reiben, um Klumpen zu lösen, dann in einer Schüssel mit dem Salz mischen.

Die Margarine mit der Hand zerpflücken und dem Mehl und Salz zu einer krümeligen Masse untermengen.

Nach und nach die Milch mit einem Teelöffel zugeben, bis ein zäher, nicht zu klebriger Teig entsteht.

Arbeitsfläche mit Mehl bestauben und Teig darin wenden.

Dann den Teig auf der mit Backfolie ausgeschlagene Form gleichmäßig verteilen.

Tomatensauce mit Worcestersauce und den *Laphroaig Select* mischen und gleichmäßig und dünn auf dem Teig verteilen.

Karotte, Knoblauch und Zwiebeln dünn schneiden, Käse reiben und alles über den Scone-Teig verteilen.

Im Ofen backen bis der Scone-Teig hart und krümelig ist.

Das dauert ca. 10-15 Minuten.

Vor dem Servieren mit dem geputzten Löwenzahn bestreuen.

46.

Deepfried Pizza   Frittierte Pizza

Frevel mit Absicht

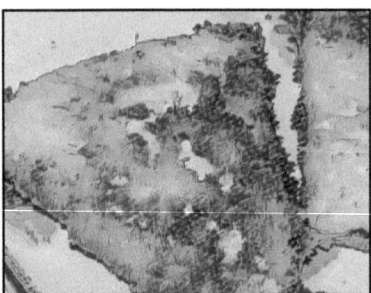

Bestimmte Gerichte haben vor allem lokal ihre Berechtigung. Unsere Deepfried Pizza ist so ein Gericht, das anderenorts zu Kopfschütteln führen mag. Doch wir haben für die Frittiererei unsere Gründe. Die Anstrengung tagsüber, die so eine Kalorienbombe abends rechtfertigt, die wünschen wir keinem.

Doch nach einem harten Tag voller Wind, Wetter, Arbeit und Mühe braucht man hier draußen auf den Inseln und im Ozean davor einfach mehr Kalorien als nach ein paar Stunden im Büro.

Nur so können wir uns den Siegeszug der frittierten Pizza gerade in unserer Gegend erklären, die nicht mehr nur in der eigenen Küche zubereitet wird, sondern längst auf vielen Speisekarten zwischen Campbeltown und Ullapool zu finden ist.

Wir gehen jedoch noch immer davon aus, dass italienische Leser hier getrost kopfschüttelnd weiterblättern dürfen. Uns ist das egal, wir genießen den Frevel.

Deepfried Pizza

Reicht für 3-4 Personen

Vorbereitungszeit ca. 15min   *Zubereitung ca. 25min*

Damit wird's unsere Pizza:

1 mittlere fertige Pizza nach Wahl	4 Eier
250ml Milch	360g Mehl
50g gekochter Schinken	50g Thunfisch oder Lachs
300g Semmelbrösel	125ml Pizzasauce
220g Mozzarella, gerieben	Peperoni
Eine frittierbereite Fritteuse.	

So machen wir hier Pizza:

Backofen auf 200C erhitzen.

Pizza in 8 Wedges schneiden.

Milch und Ei mischen, die Pizzastücke damit einstreichen und im Mehl wenden, erneut einstreichen und in den Semmelbröseln wenden.

Auf Backpapier ablegen.

Fritteuse auf 180C erhitzen.

Jedes Pizzastück darin 2-3min goldbraun frittieren.

Auf einem Papiertuch abtropfen und auf das Pizzablech geben.

Die Pizzawedges mit Thunfisch, Schinken, Mozzarella und Peperoni belegen.

Im Ofen ca. 15min backen.

Ausschließlich heiß genießen.

47.

Banger Hotpot   **Bratwurst Eintopf**

Restlos glücklich

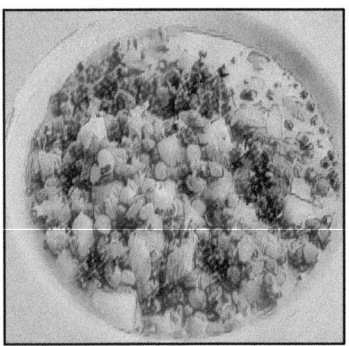

Mit einer Kelle eine dampfende, dickflüssige Substanz in einen Teller zu heben, den würzigen Duft in die Nase steigen zu lassen, die Hände am Teller zu wärmen, der zufriedene Klang des Geschirrs der anderen, die Aussicht, nachzufassen, weil es gar so gut schmeckt, das verbindet man von Arran bis Harris mit dem Saussage Hotpot.

Kaum ein Gericht wird in solchen Mengen gekocht und verzehrt, weil es immer wieder dazu verleitet, auch noch den letzten Rest im Topf nicht verkommen zu lassen.

Etwas übrig zu lassen gilt als kaum wieder gut zu machende Beleidigung.

Banger Hotpot

Je nach Hunger für 4-6 Personen

Vorbereitung ca. 20min   *Zubereitung ca. 30min*

Eine ganze Menge Zutaten:

1 ½ Esslöffel Olivenöl	750g kleine Würstchen
500g Kartoffeln, festkochend	1 mittlere Zwiebel
2 Knoblauchzehen	150g schwarze Oliven
200ml Hühnerbrühe	*50ml Bruichladdich Bere Barley*
50ml Ginsterwein oder Cola	2 große Zitronen
1/2 Teelöffel Meerwasser oder gute Prise Meersalz	
Pfeffer	Paprikapulver
¼ Esslöffel Salbei	¼ Esslöffel Petersilie
2 Lorbeerblätter	250g Weißkohl
1 Esslöffel Tomatenmark	

Aber ganz einfach in der Zubereitung:

Öl in einer großen Bratpfanne erhitzen.

Die Würste darin ca. 10min auf allen Seiten bräunen, dann die Würstchen vom Herd nehmen und Fett bis auf ca. 1 Esslöffel entfernen.

Die Kartoffeln säubern und der Länge nach in Streifen schneiden.

Den Weißkohl in dünne Streifen schneiden.

Pfanne erneut erhitzen und Weißkohl und Kartoffeln ca. 10min bräunen.

Die vorgebratenen Würstchen untermengen und mit Wein oder Cola, *Bruichladdich Bere Barley*, Hühnerbrühe, Tomatenmark und den Gewürzen verrühren und aufkochen.

Jetzt die Hitze reduzieren und Knoblauch und Zwiebel zugeben. Weitere 2 min kochen.

Die Oliven entsteinen, vierteln und einrühren.

Pfanne ca. eine halbe Stunde köcheln bis die Kartoffeln zart durch gekocht sind.

Zitronen in Schiffchen schneiden und an den Tellerrand legen, ausschenken und mit Brot genießen.

48.

Cauliflower Cheese   Überbackener Blumenkohl

Einfach großartig

Die Gärten auf Islay waren schon immer Teil der Selbstversorgung der Inselbewohner. Meist sind sie nicht sehr groß, oft hinter windschützenden Mauern und Hecken verborgen, und verglichen mit den Gärten im Süden sind sie schon bescheiden.

Wir haben hier draußen nur Obstsorten und Gemüsearten, die dem ständigen Wechsel der Witterung im wahrsten Sinne des Wortes gewachsen sind, doch diese haben einen besonderen Platz auf den Tellern und in den Herzen der Bewohner.

Denn oft genug ist die See zu rau, um zum Fischen hinaus zu fahren und manchmal sogar so wild, dass auch das Versorgungsschiff vom Festland nicht anlegen kann.

Der schlichte Blumenkohl gehört zu dieser ‚Greenery‘ aus denen großartige, einfache Mahlzeiten gekocht werden.

Cauliflower Cheese

Reicht für -6 Erwachsene

Vorbereitung ca. 15min   *Zubereitung ca. 60min*

Man nehme …

Ca. 1000g Blumenkohl, geputzt   50g Butter

50g Mehl   1 Teelöffel mittelscharfer Senf

Eine Prise Salz   450ml Milch

75g Cheddar, gerieben   Pfeffer

25g Semmelbrösel

Bei uns zuhause machen wir das folgendermaßen:

Den Ofen auf 200C vorheizen. Feuerfeste Form vorfetten.

Die grünen Blätter vom Blumenkohl entfernen und den Blumenkohl im gesamten gründlich putzen.

In den Boden des Blumenkohl-Stamm ein Kreuz einschneiden.

Den Blumenkohl über kochendem Wasser ca. 5- 10min dampfgaren.

Dann den Blumenkohl abkühlen lassen. Der Blumenkohl sollte noch nicht 'durch gekocht' sein.

Butter und Mehl in einer Pfanne vermischen und erhitzen, bis sie sich geschmeidig verbinden.

Salz und Senf zugeben und ca. 2 min durchgehend verrühren.

Nun die Milch zugeben und kräftig schlagend mit einem Schneebesen verrühren, bis eine dicke Sauce entsteht.

Ist die Sauce zu fest, last sie sich jetzt noch mit einem Schuss Milch verdünnen.

Den geriebenen Käse unterheben und einschmelzen, dann die Sauce vom Herd nehmen.

Aus dem Blumenkohl nun kleinere Röschen ausbrechen und stehend in die feuerfeste Form geben.

Die Sauce über den Röschen verteilen so dass die Röschen vollständig von der Sauce bedeckt sind.

Nun die Semmelbrösel über die Röschen streuen und mit Salz und Pfeffer nach Geschmack würzen.

Die gefüllte Form im Ofen ca. 30min backen.

49.

Koloniale Geselligkeit

Das Kedgeree hat seinen Ursprung wohl einst im kolonialen Indien.

Doch wie so viele Gerichte ist es längst als einheimisches Gericht im Westen Schottlands angekommen. Dazu haben die vielen einheimischen Zutaten beigetragen, sowie die erfinderischen Abwandlungen und geschmacklichen Anpassungen, die wir ja gerne austüfteln.

Lediglich die Gewürze selbst stammen nicht alle aus Schottland.

Das Kedgeree ist ein typisches Geselligkeitsrezept; das spiegelt sich auch darin wieder, dass scherzhaft Alleinstehende und Unverheiratete an der Westküste als ‚Ein-Teller-Kedgies' bezeichnet werden.

Kedgeree

Geliebt von 6 Personen

Zubereitung ca. 45min

Hier die Grundidee, was ins Kedgeree rein muss

2 Esslöffel Kochöl	4 Steckrüben in kleinen Würfeln
1 Zwiebel, fein geschnitten	1 Mohrrübe, kleinstgewürfelt
Salz	1 Teelöffel Honig
400g Kabeljau geräuchert	400g Hühnerbrust
750ml Milch	150g Butter
400g Reis, vorgekocht	750ml Gemüsebrühe
1 Bund Petersilie	Koriander
3 Esslöffel Curry	
1 Teelöffel Kardamom im Ganzen	2 *Esslöffel Caol Isla 12 Jahre alt*
1 EL gehobelte Nüsse	1 EL Blaubeeren, gesüßt

Und so wird unser Kedgeree gemacht:

Ofen auf ca. 180C vorheizen

Honig, Öl und Salz mit einander in einer Tasse verrühren.

In einer feuerfesten Schale die Steckrüben mit dieser Mischung beträufeln und im Ofen ca. 12min backen.

In eine tiefen Pfanne den Haddock einlegen, mit Milch übergießen und mit dem Kardamom bestreuen.

Kurz aufkochen und 5 Minuten abkühlen lassen.

Den Kabeljau ausbereiten: Alle Gräten entfernen, indem Schicht um Schicht ausgelöst wird.

Die Milch durch ein Sieb abgießen in einen Zwischenbehälter.

In einer großen Kasserolle die Butter schmelzen und Zwiebel und Mohrrübe weich anbraten.

Den vorgekochten Reis und Currypulver zugeben und 2min stark erhitzen.

Nun die Milch und die Gemüsebrühe dazu schütten, verrühren und ca. 15min köcheln.

Hitze reduzieren und Steckrüben, Kabeljau, Petersilie, und Koriander unterheben.

Mit Salz, Pfeffer und dem *Caol Isla 12 Jahre alt* abschmecken und mit Nüssen und Blaubeeren bestreuen.

NB: Statt Kabeljau wird sehr gerne Lachs verwendet.

Lagavulin

Lagavulin, Lagavulin, Isle of Islay, Argyll, PA42 7DZ

Wie Ardbeg, so hat auch die kurz vor dem Ende der Straße gelegene Distillery Lagavulin ihre Anfänge in der Schwarzbrennerei. Seit 1742 weiß man von einer oder mehreren Brennereien, doch legal wurde Lagavulin erst mit ihrer offiziellen Gründung durch John Johnston 1816. Bereits im Jahr darauf siedelte sich auf dem Gelände eine zweite Distillery an, Ardmore, die im Jahr 1837 zu einem Unternehmen zusammengelegt wurden. Ab 1908 gab es mit Maltmill sogar noch eine weitere Brennerei nebenan, die erst 1960 schloss. Wie Maltmill bezieht sich auch der Name Lagavulin auf die Mühle in der Mulde.

Lagavulin bezieht sein Wasser aus zwei verschiedenen Quellen. Zum einen wäre da Loch Sholum und zum anderen Lochan Sholum, die beide in unmittelbarer Nähe am Beinn Sholum liegen. Sämtliches Malz der Produktion stammt aus den Port Ellen Maltings. Die Distillerie nutzt einen Maischbottich aus Stahl und stattliche zehn Gärbottiche mit einer Kapazität von 213.000 Liter aus Pinienholz. Das eigentliche Brennen erfolgt bei Lagavulin in zwei Wash Stills mit je 12.300l und zwei Spirit Stills mit je 12.900 Liter Fassungsvermögen. Sie werden durch Dampf erhitzt. Die Produktion gibt Lagavulin mit 2.250.00l im Jahr an.

Von Lagavulin war über geraume Zeit nur ein 16-Jährigen Whisky zu kaufen und auch heute, wo es von 8-Jährigen bis zum 30Jährigen Lagavulin einige Abfüllungen mehr zu kaufen gibt, bleibt die Produktpalette erstaunlich schmal. Allen gemein, natürlich in Nuancen und Abwandlungen ist ein torfig-rauchiger Grundgeschmack, der von Süße und Wärme begleitet wird.

V   Dessert

50.

Legendary Islay Loaf   Der Islay-Laib

Grundnahrungsmitteltauglich

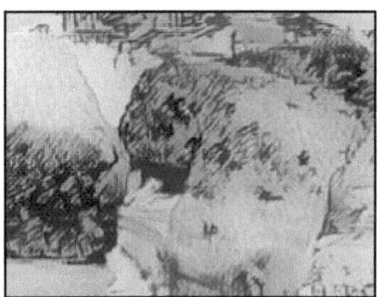

Manche Desserts gehen ohne weiteres auch als Grundnahrungsmittel durch. Nicht nur, weil sie so oft und so gerne gegessen werden, sondern auch, weil sie so gehaltvoll sind.

Der Islay Loaf ist eine dieser vielgeliebten Nachspeisen, die immer und überall willkommen sind.

Egal ob zum krönenden Abschluss des High Tea oder aus der Pausenjausenbox irgendwo draußen zwischen zwei Arbeitsgängen – der Loaf hält uns in der Senkrechten.

Legendary Islay Loaf

Reich für einen Coffeemorning oder einen Tag draußen

Vorbereitung ca. 30min   Zubereitung ca. 60min

Zutaten

150g Rosinen	150g Rohrzucker
250ml kaltes Wasser	1 Esslöffel Sirup (Mais, Zuckerrübe)
1 Esslöffel Butter	325g Mehl
2 Esslöffel Natron	2 Esslöffel getrocknete Äpfel, gehackt
75g Walnuss, fein gehackt	5g Haselnuss, fein gehackt
50ml Caol Ila unpeated	1 Esslöffel Allspice Kuchengewürzmischung

Zubereitung

Ofen auf 180C vorheizen, Kasten-Backform vorfetten und mit Mehl einkleiden.

Rosinen, Zucker, Wasser, Whisky, Sirup und Butter erwärmen bis sich die Butter vollständig aufgelöst hat. Etwas abkühlen lassen.

Mehl, Nüsse, Natron und Gewürze unterheben und in die vorbereitete Backform geben.

Ca. 30min backen, dann die Oberfläche der Länge nach einschneiden und weitere 30min backen.

Abkühlen lassen und mit Vanilleeis oder Sahne servieren.

51.

Upsidedown Cake   gestürzter Birnenkuchen

Der Kopfstand der Birne

Auf den westlichen Inseln sind Beeren in den Windschutzhecken häufig zu finden.

Seltener hingegen gibt es Obstbäume, obwohl der Golfstrom sogar die eine oder andere Palme ermöglicht. Das geht sogar so weit, dass Gärten mit Palmen darin als Wegweiser herhalten – ‚nach dem Garten mit der Palme links, dann wieder rechts, aber wenn Du den Vorgarten mit zwei Palmen siehst, bist Du schon zu weit.'

Nahe an den Häusern, oft in deren Windschatten, finden sich Obstbäume, deren Sorten nicht allzu viel Sonne benötigen. Aus den Birnen, deren Ernte selten genug gelingt und die selten genügend Obst abwerfen, wird ein eigentümlicher, großartiger Kuchen kreiert.

Summerpear Upsidedown Cake

Reicht für eine Familie zum High Tea

Vorbereitung ca. 30min   Backzeit ca. 25-30min

Hier brauchen wir etwas mehr Zutaten

1. Sponge-Boden

50g Margarine, weich	50g Puderzucker
1 Ei	50g Mehl
1 Teelöffel Backpulver	+ Mehl und Butter für die Kuchenform

2. Sauce

3 Birnen, reif geschält, entkernt und geviertelt	20ml Birnensaft
1 Teelöffel Maisstärke	20g Muscovado Zucker
15g Margarine, weich	40ml Wasser

1 Teelöffel Bunnahabhain Ceobanach

Und so wird's gebacken:

Backofen auf ca. 180C vorheizen, runde Kuchenform einfetten und einmehlen

Maisstärke, *Bunnahabhain Ceobanach* und Birnensaft zu einer cremigen Paste verrühren.

In einer Bratpfanne Zucker, Margarine und Wasser mit der Paste bei schwacher Hitze verrühren, dann zum Kochen bringen und 3 Minuten zu einer zähen Sauce eindicken.

Sauce abkühlen lassen.

Für den Teig Margarine und Zucker schaumig verschlagen.

Das Ei gründlich aufquirlen.

Backpulver, sowie die Hälfte von Mehl und Ei in einer großen Rührschüssel ca. 3 min aufmischen.

Nach und nach restliches Mehl und Ei zugeben und stets zu einer gleichmäßigen Mischung verrühren.

In der Backform die Birnenstücke auf dem Boden verteilen und die Sauce aus dem Topf gleichmäßig darüber verteilen

Darüber die Teigmischung geben und glattstreichen.

Die so gefüllte Form im Ofen ca. 20-25min backen.

Aus dem Ofen nehmen und abkühlen lassen.

Kuchen dann stürzen, so dass nun die Birnen oben sind.

52.

Bramble Crumble   Brombeer-Crumble

Sommer im Haus

Die Sommer auf den westlichen Inseln sind oft nur von kurzer Dauer, und selbst an den wärmeren Tagen des Jahres wechselt das Wetter immer wieder. Und manchmal erinnern sich unsere Alten daran, dass es im einen oder anderen Jahr gar keinen Sommer gab, sondern der Frühling mirnichtsdirnichts in den Herbst überging.

Der eigentliche Sommer in Schottlands wildem Westen findet also oft nur in der Küche statt.

Die Bramble Crumble ist so ein Sonnenscheingericht. Reife Beeren und stämmiges Haferkorn kommen zu einem heiß wie kalt wunderbaren Nachtisch zusammen. Die Kugel Vanilleeis lässt uns dann oft von fernen Stränden träumen.

Bramble Crumble

Reicht für eine schottische Familie zum Nachtisch

Vorbereitung ca. 25min   *Zubereitung ca. 30-45min*

Füllung – die Zutaten

100g Brombeeren, geputzt   3x25g Zucker

1 Teelöffel Zimt   20g Gelierzucker

Crumble Topping – die Zutaten

50g Mehl   25g Haferflocken, fein

25g Margarine   30g Zucker

2 Esslöffel Lagavulin Distillers Edition

Wir kriegen den Crumble schon hin:

Ofen auf 200C vorheizen.

Brombeeren in einer Schüssel mit dem Gelierzucker vermengen.

Brombeeren auf dem Boden einer feuerfesten Schüssel drapieren, mit den ersten 25g Zucker vermengen und den Whisky darüber schütten.

In einer Backschüssel Margarine und Mehl miteinander von Hand verarbeiten bis sich die Textur von Semmelbröseln einstellt.

Die zweiten 25g Zucker, Zimt und Haferflocken zugeben und weiter von Hand verkneten.

Die Mischung über die Brombeeren geben und glattstreichen.

Die dritten 25g Zucker gleichmäßig als Abschluss auf dem Topping verteilen.

Backform im Ofen ca. 20 min backen, bis der Zucker glasig braun wird.

53

Salty Whisky Fudge   Salz und Whisky Toffee

Brösel für die Seele

Eine Süßspeise, wie sie nur von Islay kommen kann.

Salziges Zuckerkonfekt, bei dem vor dem Genießen das Gewöhnen steht. Eins von diesen Dingern, bei dem alle sagen, ‚Damit musst Du aufgewachsen sein, um das zu verstehen oder gar zu mögen.‘

Dem unglaublich süßen, gehaltvollen Fudge stellt man bei uns nämlich Meerwasser und Ardbeg zur Seite. Und wir sagen zwar Pieces, also Stückchen, meinen aber eher große Brösel.

Kleingeschnitten wird unser Salt Whisky Fudge in Tütchen verpackt, die gut in die Hosentaschen der Distillery-Arbeiter passen und geschmacklich mehr sind als die lokale Antwort auf Fisherman's Friends.

Salty Whisky Fudge

Reicht nicht sehr lange

Vorbereitung und Zubereitung ca. 45-60min je nach Übung

Damit wird's besonders gut:

600ml Creme Double	700g Rohrzucker
100g Butter, ungesalzen	*50ml Ardbeg Corryvreckan*
25ml Meerwasser	

Zubereitung

Eine tiefe rechteckige Backform ca. 15x15cm mit Frischhaltefolie auslegen.

Ein Glas mit eiskaltem Wasser bereitstellen.

Eine Bratpfanne ausfetten mit Butter, dann langsam schmelzen und Zucker, Meerwasser und Creme Double untermischen.

Whisky und restliche Butter aufheben!

Bei geringer Hitze Zucker langsam vollständig verrühren, dann aufkochen.

Die Mischung sanft und sorgfältig verrühren und nun testen:

Hierzu wird ein Tropfen der Mischung in ein Glas mit sehr kaltem Wasser geträufelt.

Wenn die Mischung fertig ist, rollt sie sich im Wasser zu einem Kügelchen zusammen.

Nun die Pfanne vom Herd nehmen, Butter zufügen aber nicht verrühren.

Die Fudge-Mischung auf etwa 50 C abkühlen lassen.

Bei dieser Temperatur den Whisky zugeben und mit der Butter so lange verrühren bis die Mischung ihren Glanz verliert.

Umgehend in die Backform geben und mit einer Spatel glatt verstreichen.

Nun noch bis zur vollständigen Abkühlung bei Zimmertemperatur kühlen lassen.

54.

Barley Pudding   Gerstenpudding

Verdienter Nachtisch

Die eigene Scholle, oder das Feld, das wir uns mit unseren Nachbarn teilen, ist Pate für den wunderbaren Barley Pudding, denn hier bauen wir Barley an. Natürlich geben wir viel Barley in den Distillerien ab, und dort wird daraus ein feines Getränk. Doch meist bleibt genug Gerste übrig, um uns einen Barley Pudding zuzubereiten.

Mit dem Barley Pudding wird zum Nachtisch, was sich Farmer, Mälzer und Brenner erarbeitet und verdient haben.

Viele dieser gehaltvollen, süßen Desserts aus den alten Tagen Islays sind so konzipiert, dass sie eine schmalere, nicht ganz sättigende Portion der Hauptspeise bequem und gut schmeckend ergänzen. Das gelingt dem Barley Pudding spielend.

Barley Pudding

Reicht für 4 Nachtische
Vorbereitung und Zubereitung ca. 4-4,5 Stunden

Die klassischen Zutaten

225g Gerste	75g Korinthen
75g Rosinen	1l Wasser
50g Rohrzucker	
1 Prise Salz	Puderzucker
Sahne	*1 Teelöffel Bowmore Darkest* *

Und die einfache Zubereitung

Gerste, Salz, Rohrzucker und Wasser in einer großen flachen Pfanne mischen und zwei Stunden ziehen lassen.

Mischung allmählich erhitzen und weitere eineinhalb Stunden köcheln lassen.

Ggf. immer wieder Wasser zugeben, Mischung darf nicht am heißen Pfannenboden anhängen.

Korinthen und Rosinen zugeben und weitere 20 min kochen.

Dann den *Bowmore Darkest* und die Sahne zugeben und unterrühren.

In Schüsseln portionieren und mit Puderzucker bestreuen.

* NB: Der Whisky weicht bei uns je nach Verbindung zur lokalen Distillerie ab.

Laphroaig

Laphroaig, Port Ellen, Isle of Islay, Argyll, PA42 7DU

Die Distillery Laphroaig liegt etwas ab von der Straße an einer kleinen Bucht im Süden Islays. Ein Baumgesäumter Pfad führt durch das kleine Waldstück, das sie verbirgt. Laphroaig war zu ihrer Gründung für den Eigenbedarf und lokale Kundschaft gedacht. Die Brüdern Donald und Alex Johnston führten die Schwarzbrennerei des Vaters John, der auch Lagavulin mitgründete 1815 in die Legalität. Zudem gab es mit der Ardenistiel Distillery von Andrew und James Gairdner eine weitere Distillerie auf dem Gelände. Die Brennerei war bis 1954 im Familienbesitz, bis der letzte Johnston sie an seine Sekretärin vererbte.

Laphroaig bezieht sein Wasser aus dem Kilbride Damm, das in einem 8,5Tonnen Maischbottich Gerste mit eigenem und zugekauftem Malz verarbeitet wird. Zur Röstung wird eigener Torf von den Glenmachrie-Feldern genutzt. Sechs stählerne Gärbottiche mit insgesamt fast 250.000l Fassungsvermögen produzieren vor, was drei Wash Stills und vier Spirit Stills unter Dampferhitzung zu Laphroaig brennen. Damit erreicht Laphroaig eine Herstellungsmenge von über 2.00.00 l Alkohol im Jahr.

Laphroaig zeichnet sich weder durch Experimente noch durch eine große Produktvielfalt aus. Als südlichste Islay-Brennerei liegen ihre Lagerhäuser, direkt am Meer und werden regelmäßig von Salzwasser eingenommen. Der Geschmack des Laphroaig weist entsprechend Einflüsse von Torf, Seeluft und Meerwasser sowie Rauch auf.

Laphroaig ist seit 1994 Hoflieferant des Prince of Wales.

55.

The Black Bun   Früchtekuchen im Teigmantel

Unverzichtbar

Den Black Bun gibt es vor allem zu religiösen Festen, an denen man die Oberfläche auch mit christlicher Kreuzsymbolik versieht. Meist wurden in den Küchen der westlichen Inseln mehrere Black Bun gebacken, und alle an Nachbarn und Freunde verschenkt. Im Gegenzug bekam man auch von jedem einen Black Bun – wie gut, dass er sich eine Zeit lang hält.

Es galt als schlechtes Omen, von jemanden keinen Black Bun zu bekommen. Das uralte Gebäck wird in manchen Gegenden der Inseln auch noch heute als Mitgabe und Höflichkeitsgeste gereicht. Es ist völlig undenkbar, einen geschenkten Black Bun abzulehnen. Der Black Bun ist eine der wenigen Nachspeisen, deren Fehlen zu Nachbarschaftsfehden führen kann, der aber auch Leute versöhnt, die sich sonst nicht einmal im Pub die Tür aufhalten würden.

Unsere Black Bun-Version ist nicht nur Mitbringsel, sondern wohlschmeckendes Selbst-Essel.

The Black Bun

Reicht für die Nachbarn und uns
Vorbereitung ca. 1 Stunde   *Backzeit ca. 1,5 Stunden*

Zutaten für den Teig

300g Mehl   150g Butter in Würfeln

½ Teelöffel Salz   4 Esslöffel kaltes Wasser

1 Ei, verschlagen

Zutaten für die Füllung

200g Mehl   50g Trockenobst gemischt

½ Teelöffel Ingwer, gemahlen   ½ Teelöffel Zimt, gemahlen

½ Teelöffel Gewürzmischung   ¼ Teelöffel Pfeffer, gemahlen

100g Rohrzucker   100g Orangeat und Zitronat
gemischt

50g Mandeln, gehobelt   ½ Teelöffel Back-Soda

1Ei   3 Esslöffel Milch

1 Esslöffel Kilchoman 100% Islay

Zubereitung des Teiges

Ofen auf ca. 170C vorheizen

Das Mehl in eine Rührschüssel sieben und mit den Fingern die Butter unterkneten bis sich ein krümeliger Teig bildet.

Nun Salz und Wasser behutsam einarbeiten und zu einem weichen Teig mischen.

Teig zu einem Ball formen, in ein feuchtes Tuch oder Frischhaltefolie wickeln und im Kühlschrank kühlen.

Zubereitung der Füllung

Eine Kastenform einfetten und bemehlen.

Trockenobst mit einem Messer kleinhacken.

Alle Zutaten in eine große Rührschüssel geben und zu einem klebrigen Teig verrühren. Etwas ruhen lassen.

Den *Kilchoman 100% Islay* zugeben und verrühren.

Den Teig aus dem Kühlschrank nehmen, durchkneten und auf einer gemehlten Oberfläche zwei Drittel davon ausrollen. Damit Boden und Seiten der Kuchenform bedecken.

Nun die Füllung in die Form geben und mit einer Spatel gleichmäßig verteilen.

Den verbliebenen Teig nun ebenfalls ausrollen. Die Größe soll die noch offene Kuchenform-Oberseite abdecken.

Den Rand des Teiges mit ein wenig Wasser benetzen und durch zusammenpressen den Teigdeckel mit den Seitenwänden verbinden um die Form zu schließen.

Abdeckung mit dem geschlagenen Ei glasieren.

Mit einem Zahnstocher ein paar Dampflöcher in den Deckel stoßen.

In den Ofen geben und ca. eine Stunde backen.

Dann die Oberseite des Bun mit Aluminiumfolie abdecken und eine weitere Stunde backen.

Nach dem Backen komplett abkühlen lassen vor dem Servieren.

56.

Fried Marsbar   Frittiertes Mars

Unheimliches Nationalgericht

Selten ist ein Dessert so rasch zum heimlichen Nationalgericht erkoren worden wie der Fried Mars Bar. Die Abstimmung erfolgte mittels erhobener Speisekarte in zahllosen Frittiertöpfen von Kintyre bis Cape Wrath und zurück.

Man muss in Fairness sagen, dass so ein Mars frisch frittiert zu gut ist, um nur an der Westküste seine Heimat zu haben. Es ist längst in ganz Schottland zu finden. Es ist aber auch zu gut, um es hier wegzulassen.

Dem frittierten Mars kommt zudem die Ehre zuteil, zuerst von den Chippies, also den Fish and Chip Shops, angeboten worden zu sein. Erst allmählich hat es auch die privaten Küchen erreicht. Die einfache Süßspeise wird längst auch als Fried Snickers, Bounty und selbst als Fried Rolo Nugget von vielen Schotten geliebt.

Unser Fried Mars Bar wird traditionell im selben Fett frittiert wie der Fisch – und hält den einsamen Rekord der ungesundesten Nachspeise.

Fried Marsbar

Reicht für 1-4 Personen
Vorbereitung ca. 25min   *Zubereitung ca. 5min*

Zutaten für Fried Mars Bar

1-4 Mars	1 Ei
1 Esslöffel Zucker	125ml Milch
125g Mehl	½ Teelöffel Salz
1 Teelöffel Backpulver	

So gehen wir dabei vor:

Fritteuse mit Frittierfett befüllen und auf Frittiertemparatur erhitzen.

Ei und Zucker mit einander verschlagen

Milch, Salz, Backpulver und Mehl zugeben und gründlich durchmischen.

Ruhen lassen.

Einen Mars-Riegel in der Mischung wenden und mit der Frittierzange in die Fritteuse geben.

Eine halbe Minute bis eine volle Minute goldbraun frittieren.

Mit der Zange aus der Fritteuse nehmen und auf einem Papier-Handtuch das überschüssige Fett abtropfen lassen.

Seaweed Fudge   **Seetang Fudge**

Süße Herausforderung

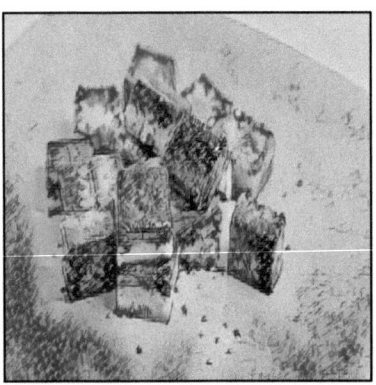

Seaweed Fudge ist keineswegs eine skurrile Neuheit, die dem Trend des Grünzeugs aus dem Meer huldigt. Vielmehr gibt es seit jeher auf vielen der westlichen Inseln eine Zweiteilung der Süßigkeitenwelt.

Sweets für jeden noch so jungen Gaumen einerseits und Sweets für die Erwachsenen, und da auch vornehmlich die Herren, andererseits.

Unser echtes Seetang-Fudge gehört ganz klar zu letzteren. Die Färbung durch den Seetang, der derbe, salzige Geschmack, der die Süße immer wieder überwältigt, sind selbst für so manche gestandene Whiskyseele eine Herausforderung.

Doch wie bei so vielen Genussgelegenheiten, die nicht auf Anhieb überzeugen, ist auch das Seaweed-Fudge spätestens nach dem dritten Selbstversuch unwegdenkbar.

Seaweed Fudge

Reicht für den, der es sich zuerst schnappt.

Vorbereitung ca. 25min,   *Zubereitung ca. 20min*

Das brauchen wir fürs Fudge

275g Rohzucker   100g Zuckerrübensirup

225g Clotted Cream   2 Esslöffel getrockneter Seetang,
                                    fein gemahlen

1 Teelöffel Ardbeg 10 Jahre alt

Butter zum Fetten des Backblechs

So wird das Fudge besonders gut:

Backblech vorfetten.

Sirup und Zucker in einer großen, beschichteten Pfanne vermischen.

Clotted Cream behutsam unterrühren und zu einer Masse verarbeiten.

Seetang-Pulver untermengen und den Topf langsam erhitzen. Die Hitze darf nur so stark sein, dass die Clotted Cream schmilzt, aber nichts am Boden anhängt.

Langsam zum Kochen bringen, bedecken und für 3 Minuten kochen. Aufdecken.

Hitze langsam reduzieren und so lange verrühren, bis eine zähere Masse entsteht.

Dann auf die Backform füllen, Whisky einrühren und 30min härten lassen.

Clootie Dumpling   Dampfkloß im Mantel

Wellness für den Magen

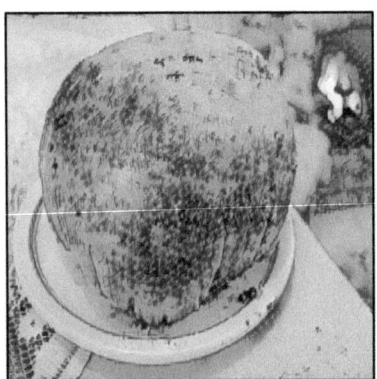

Der Clootie stammt aus einer Zeit weit vor dem Induktionsherd; er zählt zu den gehaltvollen Wohlfühlgerichten, die für sich allein als Mahlzeit stehen könnten und dies auch des Öfteren tun.

Früher war der Clootie vor allem Winterspeise, da fast alle seiner Zutaten ohne Kühlung haltbar sind. Das Rezept wurde immer dann hervorgezogen, wenn zwar Bedarf an einer geschmacklichen Belohnung bestand, zum Trost oder zum Fest, die Zutaten jedoch allmählich knapp und der Winter noch lang waren.

Der Clootie ist seit je her ein hoch emotionales Gericht. Es ist eines, das wir teilen, eines zum gemeinsam essen, und eines, dessen Geruch mit dem Dampf aufsteigt und jedem Schotten die Heimwehtränen in die Augen treibt.

Clootie Dumpling

Reicht für eine Familie

Vorbereitung ca. 20min   *Zubereitung ca. 3 Stunden*

Wir benötigen für den Clootie

125g Mehl   1 Tütchen Backpulver

125g Semmelbrösel   100g Rosinen

100g Sultaninen   100g Korinthen

½ Teelöffel Back-Soda   1 Teelöffel Allspice Gewürzmischung

1 Teelöffel Zimt   225g Zucker

125g Margarine   2 gestrichene Esslöffel Sirup oder Honig

2 Eier   2 gestrichene Esslöffel Zuckerrübensirup
Milch   ein Backtuch aus Leinen

1 Teelöffel Caol Ila Moch

So wird er gekocht:

Alle Zutaten in einer großen Rührschüssel zu einem weichen Teig verrühren.

Das Tuch in kochendem Wasser abbrühen, ausbreiten und mit viel Mehl bestreuen, dann ausschütteln.

Den Clootie-Teig in die Mitte des Tuchs geben, die Ecken lose zusammenführen und mit einer Schnur zubinden.

In einen großen Topf einen Teller umgedreht einlegen, und die Kugel im Tuch darauf platzieren.

Den Topf nun mit kochendem Wasser aufgießen bis das Wasser etwa zur Hälfte der Kugel reicht.

Bei gemäßigter Hitze ca. 3 Stunden kochen lassen.

Hin und wieder den Wasserstand kontrollieren und immer wieder bis zur angegebenen Füllstandsmenge nachfüllen

Das Bündel aus dem Topf nehmen und kurz abkühlen lassen.

Die Schnur lösen und das Tuch vorsichtig vom fertigen Clootie lösen.

Den heißen Clootie mit etwas *Caol Ila Moch* in Fassstärke beträufeln.

59.

Fisherman's Taiblet   Seebären-Konfekt

Der Trost der Fischer

Zugegeben, es gibt vom vielgeliebten Tablet wohl so viele Varianten wie Familien auf den westlichen Inseln.

Jede Großmutter, die etwas auf sich hält, hat ihr eigenes Rezept. Das Rezept hat seine Geschichte, seine Einzigartigkeit und natürlich auch seine Berechtigung. Doch einige Rezepte haben sich als Gartenzaun-übergreifende Klassiker herauskristallisiert.

Das Fisherman's Tablet ist absichtlich auf einen erwachsenen Geschmack angelegt. Zu herb, zu maritime salzig ist es für Kinder. Man genießt es oft auf See oder draußen auf dem Feld, wenn der Herr der Schöpfung mit sich alleine ist.

Das sollten wir nicht belächeln, ist das Fisherman's Tablet doch eines der ganz wenigen Sweeties, das beim Genuss wärmt und uns gerne Trost und Zuspruch schenkt.

Fisherman's Taiblet

Reicht für eine Hand voll Fischer

Vorbereitung ca. 20min *Zubereitung ca. 40min*

Das muss ins Tablet

55g ungesalzene Butter 250ml fettarme Milch

900g Rohrzucker 400ml gesüßte Kondensmilch

2 Dram Laphroaig 10 Jahre alt 1 Glas mit kaltem Wasser

Traditionell wird das Tablet so zubereitet:

Ein kleines Backblech mit Backpapier ausschlagen.

Butter und Milch einer großen Pfanne unter schwacher Hitze langsam mit einander verrühren.

Dann Hitze erhöhen und den Zucker unterrühren.

Kurz aufkochen und behutsam die Kondensmilch einrühren.

Unter ständigem Rühren 20min kochen lassen bis die Mischung eine goldbraune Farbe annimmt. Das Tablet ist fertig, wenn sich die Mischung in kaltem Wasser zu einem Bällchen rollt – mit dem Glas Wasser probieren.

Die Mischung nun vom Herd nehmen und eine halbe Minute abkühlen lassen.

Den *Laphroaig 10 Jahre alt* hinzugeben und verrühren, bis die Mischung nach gut 5-10 min härter wird.

Auf dem Backblech die Mischung ausbreiten und abgedeckt 10 min setzen lassen.

Dann mit einem dünnen Messer in die gewünschten Stücke schneiden.

60.

Laingbread (Shepherd's Shortbread)   Schäfer's Shortbread

Treuer Begleiter

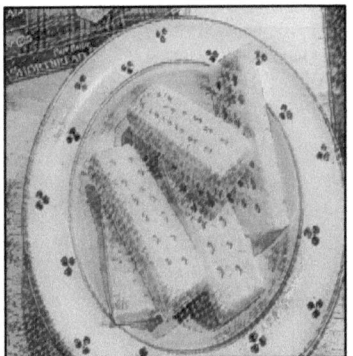

Das schottische Shortbread ist im wahrsten Sinne in aller Munde – neben Whisky ist es das am meisten exportierte Lebensmittel der Schotten. Der Klassiker wird in wunderbar mürben Varianten gerne mit Nüssen, Schokolade oder Fruchtstückchen bereichert, und schmeckt in allen Varianten grandios.

Das Longbread oder auch Laingbread hingegen ist kaum weiter als von ein paar Meilen landeinwärts von der westlichen Küste verbreitet. Das liegt wohl auch daran, dass das Dauergebäck hauptsächlich als haltbarer Energiespender für unterwegs erfreut; Schäfer, Feldarbeiter, Deer-Stalker und alle, die sich nicht nur draußen, sondern auch weit weg von Zivilisation und Komfort ihren Lohn verdienen, haben es gern in der Tasche.

Als Kaffeegebäck ist das Longbread hingegen kaum geeignet, zu salzig, zu eigenwillig ist es für Tafeln, bei denen Tischtücher verwendet werden.

Laingbread (Shepherd's Shortbread)

Reicht für ein paar Tage

Vorbereitung ca. 50min   *Zubereitung ca. 25min*

Die nicht ganz typischen Zutaten fürs Bread:

125g Butter, weich   100g Rohrzucker

1 Teelöffel Vanilleextrakt   450g Mehl

½ Teelöffel Meersalz für den Teig   100ml Sirup

Etwas Meersalz zum bestreuen   *1 Löffel Bowmore Darkest*

Und die großartig schlichte Zubereitung:

Ofen auf 180C vorheizen.

Zuerst das Backblech mit Backpapier auslegen.

Sirup, Zucker, Butter und Vanille 5 Minuten zu einer cremigen Masse verrühren.

In einer weiteren Schüssel Mehl und Salz einsieben und mit einander gründlich verrühren.

Mehl und Salz der cremigen Masse langsam unterrühren.

Bowmore Darkest zugeben und komplett zu einem Teig verrühren.

Teig in der Schüssel 30min im Kühlschrank kühlen.

Teig dann auf einer stark gemehlten Fläche ausrollen. Der Teig sollte nicht mehr als Ringfinger-Stärke haben.

Aus dem Teig daumenförmige Stücke mit einem Messer ausschneiden und mit Meersalz bestreuen.

Die fertigen Finger auf das vorbereitete Backblech im Abstand von 2 cm auslegen.

Restteig erneut verkneten und ausrollen bis der gesamte Teig verarbeitet ist.

Gute 15 Minuten backen bis das Shortbread braun ist.

61.

The Cranachan   Der Cranachan

Ernte-Dank-Dessert

Cranachan ist uraltes Gälisch. Wörtlich übersetzt heißt dieser Nachtisch ‚überschwemmtes Gebiet'.

Egal ob Hochzeit oder Geburtstag – dieses Dessert ist oft der Höhepunkt schottischer Festlichkeit. Doch ähnlich wie das englische Eaton Mess kann auch die schottische Variante mehr als nur süß.

Vielmehr sammelt sich auch hier Insel-Spirit, bunte Beeren, Getreide und Honig mit mehr als nur Sahne zu erwachsenem Genuss in einem kühlen, cremig-fruchtigen Glas.

‚Washing out the Cranachan' ist übrigens bei uns auf Islay eine ebenso schöne Tradition – bis zum letzten Rest wird das Crannie-Glas mit Whisky sauber gespült und der ‚Abwasch' getrunken!

The Cranachan

Reicht für ca. 4 Schleckermäuler

Vorbereitung ca. 25min   *Zubereitung ca. 20min*

Wir geben in den Cranachan:

2 Esslöffel Haferflocken   300g frische Himbeeren

Etwas Puderzucker   350ml Crème Double

2 Esslöffel flüssiger Honig   *2-3 Esslöffel Bowmore Mariner*

So läuft die Zubereitung:

Haferflocken auf Backblech ausbreiten und im Ofen bei 180C anbräunen, dann abkühlen lassen.

Creme Double mit dem Honig schlagen bis sie fast steif ist.

Die Hälfte der Himbeeren putzen, pürieren und ansüßen.

Haferflocken mit dem *Bowmore Mariner* verrühren bis sich die Masse festigt.

In Gläsern in abwechselnden Schichten die verbleibenden Himbeeren, die Creme und die Whiskyflocken einfüllen und 30min kühlen.

62.

Whisky Bread & Butter Pudding   **Whisky Brotpudding**

Köstliche Reste

Die Insel-Variante des britischen Klassikers ist für diese Breitengrade typisch, verwertet sie doch auf köstliche Weise Reste. Das ist kein Zufall in einem Land, dem die See und das Wetter uns immer wieder fortnehmen, was wir uns erarbeitet haben, und dem wir uns das 'täglich Brot' jeden Tag aufs Neue abtrotzen müssen.

Daher verwenden wir schon immer kreativ und gewitzt das, was da ist, und erschaffen so immer neue Varianten und Verwendungsideen.

Selbst altes Toastbrot, dem für gewöhnlich kaum noch etwas abzugewinnen ist, findet so eine großartige Aufwertung zu einer unserer liebsten Nachspeisen.

Whisky Bread & Butter Pudding

Reicht für 4 Nachtischnachfrager

Vorbereitung ca. 20min   Zubereitung ca. 1,5 Stunden

Unsere volkstümlichen Zutaten

8 Scheiben Weißbrot, ohne Rinde, ca. 1 Tag alt

50g weiche Butter	2 Esslöffel Bitterorangen Marmelade
300ml Vollmilch	3 große Eier
250ml Crème Double	1 Vanilleschote
1 Esslöffel Rohrzucker	Puderzucker

2 Esslöffel Lagavulin 16 Jahre alt

Und die Zubereitung:

Ofen auf 160C vorheizen

Die Brotscheiben beidseitig großzügig buttern.

Vier Scheiben mit Marmelade bestreichen.

Diese vier Scheiben mit den vier unbestrichenen Scheiben deckeln.

Die ‚Marmeladen-Sandwiches' diagonal zu Dreiecken schneiden und flach in eine ausreichend große Ofenform legen.

Nun Creme Double, Milch, Ei, Vanille, Zucker und *Lagavulin 16 Jahre alt* in einer Schüssel vermischen und kurz ruhen lassen.

Die so entstandene flüssige Creme über das Brot gießen und das Brot vollständig bedecken.

Etwa eine halbe Stunde einweichen lassen.

Die noch verbliebene Marmelade in kleinen Gipfelchen über dem Brot verteilen und mit Puderzucker dekorieren.

Im Ofen ca. 1 Stunde backen.

Warm servieren.

63

Laird Of The Isles   Der Herr der Westlichen Inseln

Der Vater aller Nachtische.

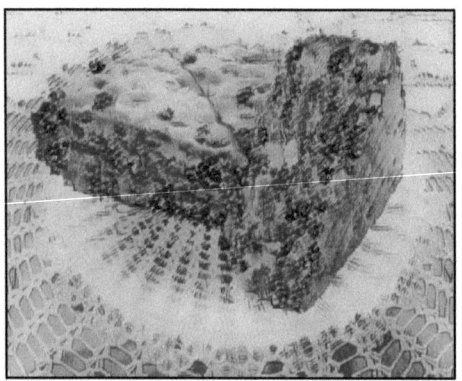

Bei unserem ‚Laird Of The Isles' ziehen wir alle Register, gönnen unserer Familie und unseren Freunden und auch uns selbst nur das Feinste vom Feinen, und wollen es an nichts mangeln lassen.

Hier auf den westlichen Inseln müssen wir sehr oft bremsen, zurückhalten, bescheiden sein, doch beim Laird Of The Isles gilt, dass ‚des Guten zu viel' auch eine super Sache sein kann!

Oft wird beim Laird Of the Isles auch das Phänomen des verschwindenden Gebäcks beobachtet – am Kaffeetisch waren noch zwei große Stücke da, in der Küche kommt nur ein leerer Teller an.

Laird Of The Isles

Reicht für einen High Tea bei uns

Vorbereitung ca. 30 min   *Zubereitung ca. 1,5 Stunden*

Das gehört in den echten Laird

200g Butter   300g Rohrzucker

300g gemischte Trockenfrüchte   100g glasierte Kirschen

100g Mandeln, gehobelt   50g Haselnüsse, gemahlen

400ml Orangensaft   *200ml Ardbeg Ihrer Wahl*

500g Mehl   3 Eier

3 Teelöffel Backpulver

Für das Topping

300g Orangenmarmelade   *50ml Ardbeg Ihrer Wahl*

Walnüsse   Haselnüsse

Mandeln, halbiert   Belegkirschen

Und so gelingt die Zubereitung:

Eine 23er Kuchenform einfetten und einstäuben, Ofen auf 180C vorheizen.

Trockenfrüchte kleinhacken.

Auf dem Herd in einem großen Topf die Trockenfrüchte, die Hälfte des Whiskys, glasierte Kirschen und Orangensaft aufkochen und 5min köcheln lassen.

Die Butter einrühren bis sie vollständig geschmolzen ist, dann auf ‚handwarm' abkühlen lassen.

Nun den Rohrzucker mit dem verbliebenen Whisky verrühren und mit den Eiern verschlagen.

Mehl einsieben und Haselnüsse und Mandeln zugeben bis ein einheitlicher weicher Teig entsteht.

Den Teig in die vorbereitete Kuchenform einstreichen, glätten und ca. eine Stunde backen.

Den fertig gebackenen Kuchen auskühlen lassen.

Für das Topping Orangenmarmelade und Whisky in einem Topf verschmelzen bis eine heiße Flüssigkeit entsteht.

Die Hälfte der heißen Flüssigkeit über dem Kuchen verstreichen, abfließende Sauce immer wieder zurückstreichen.

Die Walnüsse, Haselnüsse, Mandeln und Kirschen nun auf der Kuchenoberseite auslegen.

Nun die zweite Hälfte der Sauce über die Frucht-Nuss-Dekoration verteilen. Und abkühlen lassen.

64.

Whisky Trifle   Beschwipste Nichtigkeit

Nachtisch hoch Drei

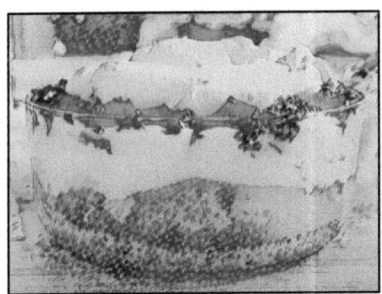

Der Trifle, den es in südlichen und sogar englischen Varianten auch als Sherry-Trifle oder, ganz verrückt, ohne Alkohol als reinen Fruchttrifle gibt, besteht eigentlich aus drei verschiedenen Nachtischen.

Zum einen werden Shortbread Fingers in einer festen Sauce aus Früchten und Zucker vermengt, zum anderen wird hier ein klassisches Puddingdesert bereitet, und zum dritten wird Sahne, Zucker und Frucht zu einem fabelhaften Topping.

Das mag zunächst verwundern, würde doch jeder Nachtisch für sich schon unsere Geschmacksnerven kitzeln. Doch einmal mehr ist auch beim Whisky Trifle die Kombination mehr als nur die Summer dreier Bestandteile.

Whisky Trifle

Reicht für einen Sonntag

Vorbereitung ca. 20 min   *Zubereitung ca. 1,5 Stunden*

Die Zutaten als Anhaltspunkt

6 Pflaumen   2 Esslöffel Rohrzucker

120ml Kilchoman Port Cask   Saft v. 1 Zitrone

500g Himbeeren   2 Orangen

250 g Sahne   200g Crème Double

100g Shortbread Fingers   2 Esslöffel Gelierzucker

1 Esslöffel Puderzucker   1 Packung Custard

                                    oder Vanillepudding

Und die Zubereitung:

Zitronensaft, Zucker und *Kilchoman Port Cask* in einem Topf verrühren und aufkochen.

Die Pflaumen in Spalten vierteln und einige Minuten im Sud mitkochen.

Die Himbeeren bis auf eine Hand voll nun waschen und auf einem Papiertuch abtropfen und mit dem Gelierzucker zu den Pflaumen geben.

Orangen sauberst schälen, weiße Orangeninnenhaut abschälen und Fruchtfleisch aus der Orangenhaut mit einem Messer entnehmen und mit Pflaumen und Himbeeren aufkochen.

Ca. 15 Min auf kleiner Flamme köcheln.

Creme Double und Puderzucker verrühren mit der steifgeschlagenen Sahne unterheben.

In einer Glasschüssel die Shortbread-Fingers auf dem Boden auslegen bis der Boden belegt ist.

Aufgekochte Früchte darüber gießen.

Vollständig abkühlen lassen.

Nun die Pudding-Creme vorsichtig darüberstreichen, vermeiden zu mischen und festigen lassen.

Auf diese zweite Schicht die Sahnemischung verteilen und so eine dritte Lage herstellen.

Ca. 1 Stunde oder länger kaltstellen.

Mit Shortbread-Krümeln und braunem Zucker bestreuen und mit den noch verbliebenen Himbeeren dekorieren.

A big vote of thank you goes to Ron at Islayinfo.com for his fabulous support and to all the lovely people who contributed with their cooking, their encourangement, the useful hints and helpful tips, the wit and wisdom and the endless craic we continue to have.
Too much of a good thing can be wonderful indeed.

Deutsche Übersetzung: Maltcompanion

Bildnachweise:
Titelbild Ron / www.island-light.photography
Bilder im Innenteil: privat